転職・副業・起業で夢が実現!

安く売るより高く売れたい

ストーリー戦略コンサルタント
芝蘭 友

WAVE出版

はじめに

本書は、ぜひ次のような人たちの力になれたら、という思いで書いたものです。

・自分の強みや価値を見つけたい
・売り上げ成績を伸ばしたい
・社内での評価を上げたい
・転職して、もっと輝きたい
・副業を成功させたい
・独立、起業したい

つまり「意欲をもって仕事をしている、すべての人」に向けて書きました。みなさんが、仕事をもっと充実させ、ひいては、より実り豊かな人生を作っていく。そのお手伝いができると、今から確信しているのです。

これからお話しすることを、そのとおりに実践していただけたら、誰もが「より大きな成功」を手にすることができます。

具体的に言えば、たとえば、**自分の「使命」「天職」「本当にやりたいこと」が見つかります。**

仕事の腕はいいのに今までパッとしなかった人も、周囲の評価が上がり、それにともなって「いい仕事が向こうからやってくる」ようになるでしょう。

となれば当然、もっと自信をもって仕事ができるようになり、それが取引先やお客さまにいっそう喜んでもらえることにつながります。

もちろん、転職にも効果てき面です。自分の価値が一瞬で伝わるような「キャッチコピー」が生まれ、「履歴書」「職務経歴書」が充実します。

そのキャッチコピーは名刺やSNSに書いてもいいですし、自己紹介を求められたときにも、瞬時に相手を惹きつける言葉として役立つでしょう。

このように、自分の価値を見出し、なおかつ効果的に表現できる人は、人の目につくようになります。テレビや雑誌の取材依頼が入ったり、もしかしたら著者として本を書く道が開かれたりするかもしれません。

こうした「より大きな成功」が手に入るのです。


申し遅れました。みなさん、はじめまして。芝蘭 友と申します。

私の仕事は、ビジネスプロフィールのコンサルティングです。

「ビジネスプロフィール？　よく履歴書につける職務経歴書のこと？」と思ったかもしれませんが、そうではありません。

私がコンサルティングし、お客さまと一緒に作り上げている**ビジネスプロフィールとは、たった1枚の紙、文字数にしてほんの１０００字程度で、人生を激変させてしまうものです。**

決して大げさな話ではありません。

お客さまの職業は、セミナー講師からエステティシャン、観光業者、塾講師、科学者、医師など多岐にわたります。

それがビジネスプロフィールを完成させると、職種を問わず、確かな腕に自信が加わって仕事相手から信頼を寄せられ、より大きなビジネスを手にする人物へと変わっていくのです。

売り上げが激増した、客単価が大幅に上がった、雑誌の取材依頼やテレビの出演依頼が相次いでいる、本の出版が決まった――などなど、ここには挙げきれないほどの嬉しい報告が日々、私のもとに寄せられています。


もちろん百者百様のお客さまの職業そのものについて、私がコンサルティングできることなど、ほとんどありません。

では、私はいったい何をしているのか。ビジネスプロフィール作りを通じて、お客さまの**「自己意識」が変わる**お手伝いをしているのです。

今まで真面目に仕事をしてきたのなら、みなさんは、それぞれの仕事のプロフェッショナルであるはずです。すでに「確かな腕」があるわけです。

それなのに仕事がパッとしないというのであれば、原因は1つだけ。**「私はこういう者です、という自信をもって仕事ができる意識」**が整っていないからでしょう。

今まで自分がやってきたことに対する誇り、「これに関しては確かな腕がある」という軸、自分の揺るぎない価値観から生まれる理念。「誰に対して、何をやっているのか、何をしていきたいのか」という確信。

これらを総合して、「私はこういう者です」と自信をもって言える意識――本書でいうところの**「売れる人思考」**が身につくと、誰もが一転して大きな成功を手にできるようになります。

私は、お客さまが自分自身の価値に改めて気づき、大きく飛躍していく土台となる意識を築く、そのお手伝いをしているというわけです。

本書では、あなたに「売れる人思考」を身につけていただくために、私が普段、お客さまに対して行っているコンサルティングを凝縮したワークをまとめました。

それは、ごく単純にいえば**「自分で自分を認めてあげるプロセス」**です。

真面目で謙虚な人ほど、じつは「自分には何もない」という自信喪失に陥り、「これから、どうしたらいいいんだろう」という迷いのなかにいるものです。

きっとみなさんも、そうなのでしょう。だから、本書を手に取ってくださったのではないでしょうか。

そんな**自信喪失や迷いが、「売れる人思考」を身につけるだけで払拭されます。**それればかりか、**お客さま、取引先、上司――すべて含めた仕事関係者から絶大なる信頼を寄せられ、今までの比ではないほどの成果と成功を生み出せるようになっていきます。**

今はまだ、信じられないかもしれません。それに「自分で自分を認めてあげる」というのは、けっこう気恥ずかしい作業でもあります。そのため、ワークに取り組む手が止まりそうになることもあるでしょう。

でも、この自己意識を整えるプロセスは、確実に、自分自身の価値に改めて気づき、今後、豊かな人生を送っていく推進力となります。ぜひ、より明るい未来が切り開かれると信じて取り組んでみてください。

ワークをすべて終えたあかつきには、まるで生まれ変わったかのような新たな気分で、大きな飛躍に向かって踏み出せることでしょう。

本書をきっかけに、あなたの人生がいっそう輝きを増し、実り豊かなものとなっていきますように。

2020年4月

芝蘭友

「売れる人思考」目次

プロローグ

自分が輝く「売れる人思考」を身につけよう 17

ステップ1

自分の功績はたくさんある

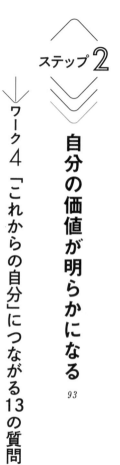

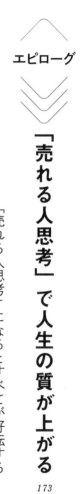

お客さまが増えて仕事の単価が上がる
あなたの応援者、支援者が増えていく
仕事でのアウトプットの質が上がる
自信をもって自分をプレゼンできる
自己意識の善循環で豊かな人生が始まる

ブックデザイン　トヨハラフミオ（As制作室）
執筆協力　福島結実子
企画協力　遠藤励起
DTP　NOAH
編集　大石聡子（WAVE出版）

プロローグ

自分が輝く
「売れる人思考」を身につけよう

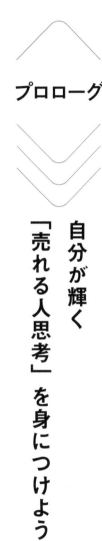

売れる人思考とは何か

◆「自分はこういう者です」と自信をもって言えますか？

本書を通じて、みなさんに身につけていただきたいのは「売れる人思考」です。仕事やキャリアで目指すところは、人それぞれ違うでしょう。でも、何を目指すにしても、まず重要なことは1つです。

それは、**自分自身をどうとらえるかという意識**です。

自分はどのような人間で、何を強みとし、どんな人を相手に、何をしているのか。

こうした自己意識が確立されているのといないのとでは、結果が大きく変わってくるのです。それを本書では「売れる人思考」と呼び、「9つのワーク」を通じて、ぜひみなさんに身につけていただこうというわけです。

「はじめに」でも少し触れたように、私の現在の本業は「ビジネスプロフィール」のコンサルティングです。

たかがビジネスプロフィール、されどビジネスプロフィール。そこでいかに自分を表現するかによって、未来が大きく変わるのです。

では、ビジネスプロフィールを作り上げると、何が一番変わると思いますか？

それを読んだ相手に与える印象が変わる——もちろんそうですが、一番大きな変化は、じつはそこではありません。

一番大きいのは、単に経歴を羅列した職務経歴書ではなく、本当の自分を完璧に表現するビジネスプロフィールを作るなかで**「自分の意識」が変わる**ことです。

「私は、こんな人間で、こういうことを強みとして、こういう人に、こういうことができるんだ」

こうした自己意識が確立され、自信と確信をもって仕事に向き合えるようになることで、大きな成果を引き寄せるのです。

本書の目的は、ビジネスプロフィールを作っていただくことではありません。ビジネスプロフィールを完成させるプロセスこそが、「売れる人思考」になるプロセスなのです。

そこで、私が日ごろコンサルティングをしている内容をまとめ、「売れる人思考」になるノウハウとして役立てていただけたらと思いました。

さて、「売れる人思考」とは、先ほども言ったように、「自分はどんな人間で、何を強みとし、どんな人を相手に、何をしているのか」という自己意識のこと。ひとことでいえば、**「『私はこういう者です』と自信をもって言える意識」**です。

それがどういうことなのか、もう少し詳しく理解していただくために、ここで「売れる人思考」の具体的な定義を４つ挙げておきましょう。

◆「自分を表現する言葉」が磨かれていますか？

「売れる人思考」とは、第一に「自分を表現する言葉」が磨かれていることです。言葉が磨かれているとは、思考が磨かれているということです。

たとえば、人前に立って「30秒で自己紹介してください」と言われたときに、自分のことがわかっていない人は、たいていは「何も伝わらない、つまらない自己紹介」をしてしまいがちです。

でも、自分のことがよくわかっている人は、自分を最大限魅力的に表現することができます。

これは決して独りよがりの意識ではありません。自分を魅力的に表現するというのは、「自分をどう表現したら、その場にいる人が喜んでくれるか」という他者思考とセットになるものだからです。

このように思考が磨かれていると、おのずと言葉も磨かれます。そして磨かれた言葉は人を惹きつけるので、「心に残る、おもしろい自己紹介」になります。

もちろん、自己紹介に限った話ではありません。自分を表現する言葉が磨かれている人は、その言葉が会話の端々に散りばめられるようになるので、仕事の依頼が絶えなかったり、リピーターが続出したりする。つまり「売れる」のです。

◆「現在地とゴールのギャップ」を埋められますか？

「売れる人思考」とは、第二に「現在地とゴールのギャップ」が見えていて、そのギャップを埋めるためのプロセスを具体的に思い描けることです。これが2つめの定義です。

たとえば、依頼された仕事の完成形や、自分のキャリアで理想とする未来像、あるいは売り上げに関する目標。これらを「ゴール」として、どうやったら、そこまでの道のりを歩んでいけるか。

ただゴールを思い描くだけでは、「絵に描いた餅」で終わってしまうでしょう。そうではなくて、ゴールまでの現実的なステップを一つひとつ思い描けること。これも、

「『私はこういう者です』と自信をもって言える」という「売れる人思考」の大事な要素なのです。

◆「どうしたらできるか」を考えられますか？

「売れる人思考」とは、第三に「どうしたらできるか」という方法を、つねに考えられることです。

誰もが経験していると思いますが、仕事は、うまくいくことばかりではありません。仕事相手から難しいことを要望されたり、思わぬトラブルに見舞われたり、自分の思いどおりに進まなかったりと難関がつきものです。

そういうときに、安易に投げ出さないこと。これは、仕事をする人すべてが基本とすべきスタンスですが、意外とできていない人が多いのです。

難関が立ちはだかったときに「どうしたらできるか」という実現を可能にする方法を編み出してこそ、不可能と見えたことすらも可能に変えていけるのです。そういう人が確実に「売れる」ようになるのは、説明するまでもないでしょう。

◆「アフターの先のアフター」を想像できますか？

「売れる人思考」とは、第四に「アフターの先のアフター」を想像できることです。よくいう「ビフォア&アフター」のアフターは、自分が関わったことで相手がどう変わるか、ということ。そのさらにあとに起こる変化が「アフターの先のアフター」です。これは、どういうことでしょう。

わかりやすいように、具体例を挙げて説明しましょう。

たとえば私は、ビジネスプロフィールのコンサルタントです。私のコンサルティングによって、お客さまのプロフィールがとても魅力的になり、かつ本人が「これが私だ」と納得できる内容に変わること。これが「ビフォア&アフター」のアフターです。

ただ、私の仕事の影響力は、これでおしまいではありません。魅力的なプロフィールを作ったことで、お客さまに舞い込む仕事の数が一気に増えたり、劇的に条件のいい仕事が舞い込んだりするようになります。

これが「アフターの先のアフター」です。

そんな後々の変化、つまりお客さまの人生をポジティブに転じさせるような変化をイメージしながら、私は仕事をしているのです。ビジネスプロフィールに起こる変化は、いわば「アフターの先のアフター」のための最初のステップにすぎません。

こうした「アフターの先のアフター」は、どんな仕事にも存在します。

あなたの仕事相手は、「欲しい未来」を買うために、あなたに仕事を依頼していると考えてみてください。

たとえば、今ある不安、不満、不審、不信などの「不」が解消されている未来。あるいは、今よりちょっとだけ多くの喜びや楽しみが感じられる未来。そういう未来が欲しくて、相手はあなたに仕事を依頼している。

そう考えてみると、あなたは目の前の仕事だけでなく、その仕事を完遂した後々に相手に起こる変化や、広がっている相手の未来にも想像が及ぶようになります。

今はまだピンとこないかもしれませんが、そこまでイメージして仕事をすると、確実に質の高い仕事になっていきます。つまり、あなたは「売れる人」になれるのです。

以上の4つが「売れる人思考」の定義です。「私はこういう者です」と自信をもって言える意識が整うというのは、つまり、こうした思考になるということなのです。

いきなりハードルが高いと思ったかもしれませんが、何も心配はありません。これからステップ1、2、3と着実に進んでいけば、誰もが必ず「売れる人思考」を身につけることができます。

★「売れる人思考」とは何か

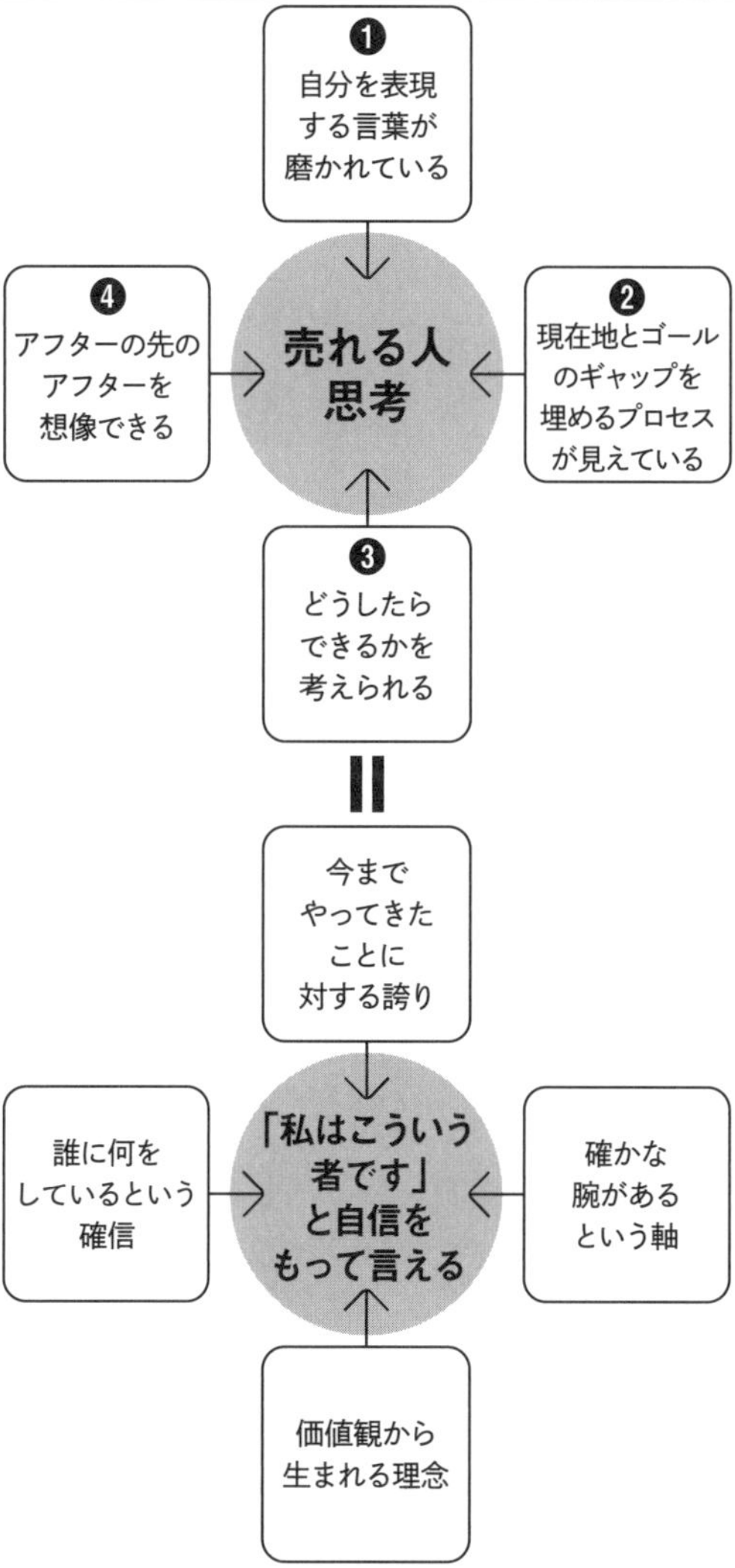
❶
自分を表現
する言葉が
磨かれている
❷
現在地とゴール
のギャップを
埋めるプロセス
が見えている
❸
どうしたら
できるかを
考えられる
❹
アフターの先の
アフターを
想像できる
売れる人
思考
＝
今まで
やってきた
ことに
対する誇り
確かな
腕がある
という軸
価値観から
生まれる理念
誰に何を
しているという
確信
「私はこういう
者です」
と自信を
もって言える

自分の価値が見えてくる

前項で「売れる人思考」とは何かを述べたところで、今度は「売れる人思考」を身につけると、どんな変化が起こるのかをお話ししていきましょう。

一番重要なのは、自分自身に「オッケー」が出ることです。

売れる人思考になると、自分のやるべきことが明確になります。やるべきことが明確になると、自信がつきます。

今まで自分のなかでくすぶっていた「このままでいいのだろうか」「これは本当に私なんだろうか」といった迷いが消え失せ、「これが私なんだ」「これがいいんだ」という確信をもって仕事に向き合えるようになるからです。

私のお客さまにも、こんな女性がいました。

その女性は当初、「私はアクセサリー作家として活躍したい」と言っていたのですが、私のコンサルティングを受けるうちに、それは、どうやら本当に自分のやりたいことではないことに気づいていきます。

そして最後に彼女がたどり着いた答えは、「起業や転職をしなくても、今いる場所で輝ける方法がある」ということでした。

アクセサリー作りは、ただ手先が器用というだけで始めたことであり、彼女がやりたいことの本質は、もっと別のところにあったのです。

そのことに気づいた彼女は、ママたちが活躍できるホームベースとなるようなコミュニティ作りを始めました。

もし、自分が本当にやりたいことに気づけず、アクセサリー作家の道を歩んでいたら、彼女はどうなっていたでしょうか。

本質的にやりたいことからズレた仕事をしているわけですから、おそらく「何か違う」と思いながら仕事をすることになっていたでしょう。

自分にどこか疑問を感じながら、自信を持てないまま仕事をするというのは、決して幸せな状態ではありません。自信のなさは、仕事ぶりにも表れてしまうものですから、おそらく大きな成果も得られなかったはずです。

さらに、「何か違う」という思いが膨らんで、また一から自分探しをする羽目になっていたかもしれません。そのぶんだけ人生の貴重な時間をロスしていた可能性もあるのです。

この女性のように、本当にやりたいことが見つかる場合もあれば、今までやってきたことの質をもっと高められるようになる場合もあります。

いずれにせよ、**自分自身を見つめ直すことで、自分の価値が再構築され、自分にオッケーを出せるようになることが、一番重要な変化です。**

そして自分にオッケーを出せるようになると、周囲の扱いも自然と変わってきます。

というのも、自分にオッケーを出したことで醸し出される自信ある振る舞い、自信ある仕事ぶりが、人を惹きつけるからです。周囲から「あなたって、こんなにすごい人だったのね」と、価値を認識されるようになるのです。

こうなると、自分から努めてアピールしなくても、依頼がたくさん入ったり、仕事の単価が一気に上がったりと、自分でも驚くようなポジティブな変化が起こっていきます。

もちろん、社内での評価や、転職面接での印象を上げることにも一役買うでしょう。実際、私がコンサルティングしてきた人たちからも、「急に人気者になったみたいで驚いた」といった感想は後を絶ちません。

自分にオッケーを出せるというのは、少し硬い言い方になりますが、**自分の意識のなかで「自分の価値」が再構築されるということです。自分を見つめ直すことで、自分の強みや魅力に気づく**、といったらわかりやすいでしょうか。

そして自分の意識のなかで自分の価値が再構築されると、その意識は自然に言動に表れます。

まるで最新式のOSに書き換わったかのようにパフォーマンスが変わり、結果的に、周囲の自分に対する見方や扱い方まで変えてしまう。意識には、それほど大きな力があるのです。

理想の相手と理想の仕事ができる

「売れる人思考」が身につくと、間違った相手に、間違った仕事をしなくなるようになります。どういうことかというと、自分の仕事相手がぐっと絞り込まれるということです。

言い換えれば、**「自分は誰の役に立てるのか」**、裏を返せば「誰の役には立てない」がわかるということ。自分は「誰を相手に何をする人なのか」という軸を定め、その軸から外れるものは勇気を持って切り捨てられるようになるのです。

すると、自然と**「理想のお客さま」だけを相手に、「理想の仕事」ができるようになります。**

こう聞いて、ちょっと不安に思ったかもしれません。

「お客さまを絞り込んだら、仕事の依頼数が減ってしまうのではないか」「仕事の幅を狭めることで、社内での評価が下がるのではないか」「独立したら、できるだけ間口は広くしておいたほうが成功しやすいのではないか」と。

私のお客さまからも、こうした声はよく上がります。自分から仕事相手を絞り込むことを、最初は誰もが怖がります。でも、じつは逆なのです。

中途半端な意識では、結局、誰の心にも響かないという状況になりかねません。自分というリソースは有限です。「どんなお客さまでもウェルカムです」「なんでもやります」では、その限られたリソースで、つねに最高の仕事はできないでしょう。

そうなると、たとえば「安い単価で数をこなす」「自分の強みが発揮できない仕事まで引き受ける」といった、自分にとっても仕事相手にとっても好ましくない仕事環境につながってしまいます。

いつでも、なんでも引き受けるというスタンスのほうが「売れる人」になれると思いがちなのですが、その発想は逆転させなくてはいけません。

リソースが限られているなかで「何をやらないか」を考え、仕事相手を絞ることのほうが、じつは大切なのです。

それでも、やっぱり不安だと思うかもしれませんが、大丈夫。メインの仕事相手を絞り込むと、その周辺の人たちが引き寄せられるものです。

たとえば、ファッションのセレクトショップを思い浮かべてみてください。

メインターゲットを「30代半ばの女性」と設定したショップには、20代後半~40代前半のお客さまも訪れるでしょう。それが、ターゲット設定が中途半端で、コンセプトが支離滅裂なショップだったら、誰の心もとらえることはできません。

それと同じことが、どんな仕事でも起こりうるということです。

自分の軸が定まり、「誰の役に立てるのか」「誰の役に立てないのか」がはっきりすると、仕事に関する行動や言動が、どんどん相手目線となり、確信をともなったものに変わっていきます。

仕事には、絶対的な正解が存在しないことがほとんどです。そのなかで、たとえば

「あなたには、これが合っています」「御社の要望に対して、これを提案します」と言い切って自分のスタンスをはっきり打ち出していくと、仕事相手に影響力を持つようになります。

これが、先ほどいった「仕事に関する言動が、どんどん相手目線となり、確信をともなったものに変わっていく」ということです。

要するに**「自分のスキルで仕事相手の役に立つ」という、プロとしての自信がみなぎる仕事ぶりになるのです。それとともに仕事の質も高くなり、自分にとっても仕事相手にとっても、好ましい仕事環境ができ上がっていきます。**

そして、そういう人には相手も安心して仕事を任せられ、継続的に仕事を依頼したくなるものです。

「売れる人思考」によって、仕事相手が絞り込まれると、「間違った相手に、間違った仕事をしない」「理想の相手だけに、理想の仕事をする」というマインドが確立され、成果が落ちるどころか、むしろ、より「売れる」ことにつながるというわけです。

過去の自分と「握手」しよう

ここまで読んできて、いかがでしょうか。

社内で評価を上げるにしても、副業を始めるにしても、独立・起業を目指すにしても、「売れる人思考」を身につけると、仕事がぐんぐんはかどり始める。そんな期待とワクワク感が生まれていたら嬉しいです。

いよいよ次章から「売れる人思考」になるプロセスに入っていきます。このプロセスは大きく3つのステップに分かれていますが、そこでみなさんにしていただきたいことは、ひと言でいうと「フィードバック」です。

フィードバックは、自分を見つめ直し、「自分という個の価値」を再構築するプロセスです。自分の強みや魅力を改めて見出し、理想の相手だけに、理想の仕事ができ

る自分になっていこうということです。

ホップ！　ステップ！　ジャンプ！　と大きく飛躍するとき、ジャンプ！　の前でいったんグッと踏み込む必要がありますよね。

フィードバックは、いわば「ジャンプ！　の前の踏み込み」です。慌てず焦らず、いったんグッと自分と向き合うことが、その後の飛躍につながると考えてください。

そこでまず重要になるのが、「過去の自分と握手をすること」です。

しかし、今までの自分を振り返らず、いっそ「なかったこと」にして、新しい自分の価値を作ろうとする。これはほかのビジネス講座で、よく見られる光景です。

でも、今の自分は、紛れもなく過去の自分の積み重ねの結果です。

これから何かを蓄積していこうと思っても、じつは、すでに蓄積されているものがある。そこにこそ、「自分という個の価値」の源泉があるのです。

過去にはうまくいかなかったこともあるでしょうし、今までの自分に100パーセント納得なんてできないかもしれません。でも、それらもすべて含めて、今の自分があるのです。

そしてもう1つ、重要な事実があります。

それは、たとえ今までの自分に100パーセント納得なんてできないとしても、**今まで一生懸命やってきたのなら、必ず、誇れることがあるはず**だということです。

これまで数多のお客さまと接してきましたが、誇れることが1つもない人は、ただの1人もいませんでした。

私のお客さまが特別なのではありません。みな、最初は「私には何もないんです」と自信なさげに語り、過去の自分を「なかったこと」にして、新しい価値を作ろうとしていた人ばかりです。

それが、少し切り口を変えたり増やしたりして、過去の自分と向き合うだけで「もともと自分には、こんなすごいところがあったんだ」と気づきます。

こうして「すでにある自分の価値」を改めて見出しながら、「売れる人思考」を身につけ、みな大きく飛躍しているのです。

いかがでしょうか。今はまったく自信が持てないかもしれません。「私なんてたいしたことやってない」と落ち込んでいるかもしれません。「なんとかしなくちゃ」「早く新しいことを始めなくちゃ」と焦りを感じている人も多いことでしょう。

そうはいっても、実際には第一歩を踏み出せない。踏み出せないことを自覚すればするほど、さらに自信を失い、焦りも募る。真面目、律儀、謙虚な人ほど、このループに陥りがちです。

そこで、「売れる人思考」を身につけるのです。そのためには、まず次の2つの重要な事実と向き合ってください。

- **今の自分は、過去の自分の積み重ねの結果である。**
- **今まで一生懸命やってきたのなら、今までの自分のなかに必ず誇れるものがある。**

具体的な向き合い方はステップ1でお話しします。この最初のステップをきちんと踏むことが、ステップ2、3をスムーズにし、「売れる人思考」に直結していくのです。

「売れる人思考」になるロードマップ

本書を効果的に役立てていただくために、最初に、ゴールまでのロードマップを示しておきます。「売れる人思考」になるプロセスは、大きく次の3ステップに分かれています。

［ステップ1］自分の功績はたくさんある

まずステップ1は、「振り返る」こと。前項でもお話ししたように、今の自分は過去の自分の積み重ねの結果であることを自覚し、今までの自分が誇れる点をいくつも探し出すというステップです。

これは、まさに過去の自分と「握手」をするところ。いわば過去の自分を「棚卸し」する段階です。ここで、どれほど**過去の素敵な功績を拾い集めることができるか**が、あとのステップ、ひいてはその後の飛躍度合いを左右します。

具体的に言うと、ここで棚卸しするのは、今まで寄せられてきた「仕事相手（お客さまなど）の声」と、過去の「数字的な実績」です。

こういうと、「そんなもの、私にはない」と、ひるんでしまう人もいると思います。でも、仕事相手の声は、探せば必ず見つかるものです。そういう意味では、もっとも「見える化」しやすい実績といえます。

数字的な実績も、そのとらえ方さえわかれば、必ず導き出すことができます。そのために、数字をとらえる方法も示します。「地味な仕事しかしていない」と思う人でも、誠実な仕事ぶりを表す数字に気づけるでしょう。

仕事相手の声も数字的な実績も、「ゼロ」という人はいません。今までの経験から、そう断言できます。だから安心して、じっくり取り組んでください。

［ステップ2］自分の価値が明らかになる

次のステップは「洗い出す」こと。ステップ1の振り返りを受けて、これから自分が何を軸として定めていくのかを考えるところです。

ここでは、自分は仕事でどんなことを大切にしているのかを洗い出し、最終的には、今後の仕事を支える「理念」を完成させます。

理念というと小難しい印象を抱くかもしれません。それに、いきなり理念を書こうとすると、美辞麗句を並べただけのものにもなりがちです。

理念は、単なる美しい言葉の羅列ではまったく意味を成しません。

重要なのは、理念がいかに人の心に響くかであり、それには、言葉に「自分の魂」がこもっていることが欠かせません。そんな**理念を確立するために、自分の価値を探る**ことが、ステップ2の目的です。

「理念」「価値」なんて聞くと、また不安になってしまうかもしれませんね。でも、大丈夫です。何も世界を救うような、たいそうな理念を打ち立てたいわけではありません。もともと自分のなかにあるもの、いわば、心の奥底でチリチリと燃えている小さな情熱の種火を見つけようということです。

そしてその種火は、誰の心のなかにも必ずあるもの。4つのワークを通じて一歩ずつ、ときには遊び心も交えつつ、自分と向き合っていきましょう。感情を解き放つパートでもあるので、構えずにラフな気持ちで取り組んでいただければと思います。

［ステップ3］自分の価値を表現する

ステップ1では過去の自分を振り返り、自分の誇れる点を探し出しました。ステップ2では価値を洗い出して、人の心に真っ直ぐに届くような理念を確立しました。そしてステップ3では、それらを練り上げます。総仕上げです。

ここでは、今までを振り返り洗い出してきたことを、一覧にまとめます。するとステップ1と2で取り組んできたことが、1本の筋の通ったものとして見えてきます。

ここからが、「自分という個の価値」を再構築し、**「『私はこういう者です』と自信をもって言える意識」＝「売れる人思考」の仕上げです。**

まとめた一覧を見ながら、自分が魂を込めてやっていること、これからやっていきたいことを、理念とともに文章にまとめます。

こうして完成させるのは、たった1行の短い文章ですが、それは紛れもなく自分の価値を的確に、魅力的に言い表した1文です。つまり「自分という個の価値」が再構築された完成形なのです。

これだけ聞くと、大変そうなイメージを抱いてしまいそうですが、ステップ3は、パズルのようなものです。今までに見つけてきたピースをすべて並べるだけ。

自分の仕事人生のいいところがギュッと詰まった、このリスト自体が1つの「成果物」です。「何もないと思っていた自分に、じつはこんなに見どころがあったなんて！」という自信を得るのです。

そして、そのピースのなかでとても魅力的なものをいくつか選び、組み合わせて、自分の価値を的確に、魅力的に言い表す1文を練り上げます。とは言っても、新たに何かを考え出すのではなく、すでにあるもののなかから選び、組み合わせるだけです。「こうしたら素敵かな」「いや、こうしたほうが、しっくりくるかも」と試行錯誤して1文を作っていくのは、きっと楽しい作業になるでしょう。なにしろ目の前に並んでいるのは、どれをとっても素敵な材料ばかりなのですから。

「自分はどんな理念をもとに、何に力を注いでいる人間なのか」

　このように、**「自分という1人の仕事人間の価値」が凝縮された1文は、今後の仕事人生を支える精神的支柱となります。**

　さらには、周囲に「この人にお願いしたい」「この人なら安心して任せられる」と思わせるような仕事ぶりにもつながるでしょう。

　この1文の完成をもって、フィードバックのプロセスはいったんおしまいです。

過去の自分と握手をしたら、今度は未来の自分に手を伸ばす番。「ジャンプ！ の前の踏み込み」であるフィードバックを経ることで、自分が理想とする近未来に向かって飛躍する出発点に立つのです。

ステップ1

自分の功績はたくさんある

過去の自分を否定的に見る人は多いのですが、誰もが、小さくても光るものをたくさん残してきました。それに気づかないでいるだけなのです。まずはその功績を1つずつ拾っていきましょう。

ワーク1

「今の自分」を知る9つの質問

自分が地図上のどこにいるかがわからなければ、ゴールは目指せません。「売れる人思考」を身につけるというゴールを目指すためにも、まず自分の現在地を知っておこうというのが「9つの質問」です。これは「正解」を出すためのものではないので、難しく考えず素直に答えてみてください。

★「今の自分」を知る9つの質問

①仕事相手（お客さんなど）の感謝の声を書き出せますか？……… YES NO

②自分の仕事相手（お客さんなど）が誰かわかっていますか？…… YES NO

③自分の仕事が、仕事相手（お客さんなど）の
どんな不安を解消するものか、わかっていますか？…………… YES NO

④実績は数値化されていますか？……………………………… YES NO

⑤過去の実績と今をつなげて考えていますか？……………… YES NO

⑥受賞歴や資格はありますか？……………………………… YES NO

⑦自分のこだわりや主義・主張を言葉にできますか？………… YES NO

⑧将来、やりたいことは見えていますか？…………………… YES NO

⑨肩書きはありますか？……………………………………… YES NO

輝く未来のヒントは過去にある

◆「仕事相手からの評価」はとても重要

前ページの「9つの質問」は、自分が今いるところを知るためのものです。各質問にどんな現在地を知る意図が含まれているのか、ここで簡単にタネ明かしをしておきましょう。

まず質問①②③は、「仕事相手」に関するものです。

お客さまなど**仕事相手の声は、「自分の仕事ぶりに対する、もっとも正しい評価」であり、また「自分を応援してくれる声」**です。

自分のことは、自分が一番わかっていないもの。なぜなら、自分にとっては、たいていのことが「当たり前」だからです。

もし、自分が当たり前のようにやっていることを、「すごい」「ありがたい」「またお願いしたい」と喜んでくれている人がいるとしたら、この事実を知ることは、とても重要なことです。

つまり、自分にとっては当たり前であるばかりに、きちんと評価できていないところを、お客さまの声を通じて知ることで、素直に自分を評価できるようになるわけです。

◆過去から今に至る「ストーリー」が大事

次に質問④⑤⑥は、「過去の実績」に関するものです。

今の自分は過去の自分の積み重ねの結果です。心機一転してゼロから新たに積み重ねようとしても、じつはすでに積み上がったものがあるはずです。ここで重要なのは、**仕事相手は、そういう過去の蓄積にこそ安心を感じる**ということです。

たとえば私のお客さまに、こんな男性がいました。

その方は、もともとアスリートだったのですが、ケガをきっかけにさまざまな体の調整法を勉強し、ジムのトレーナーに転身しました。

そして、元アスリートの感覚を持ったトレーナーとして、人の体に触れて癒しているうちに、気功やレイキの技術も習得し、体に触れずに癒せるようになりました。

その評判が評判を呼び、「あのトレーナーのところに行くと、すぐに体がラクになる」という、名実ともにカリスマトレーナーにまでなったのです。

ところが、こうした経緯をいっさい明かさずに、「私は人の体に触れずに癒すことができます」と言われたら、人は、どう受け取るでしょうか。おそらく多くが「本当かな」「ちょっと怪しいかも」と感じるに違いありません。

しかし、「元アスリートの私は、長く人の体に触れてきて、新たな技術も習得したことで、体に触れずに癒せるようになりました」と言われたら、どうでしょう。

それならば、「過去の蓄積があってのことなのだ」と納得できるでしょう。きっと安心して「この人にお願いしてみよう」と思う人が増えるはずです。

こうした過去から今に至る「ストーリー」があると、仕事相手は安心と信頼を感じ、さらには「この人にお願いしたら、自分が欲しい未来が手に入る」という期待を抱きます。つまり今に至るストーリーは、自分の仕事に関する何よりの説得材料なのです。だからこそ、まず自分が「過去の実績と今をつなげて考える」ことが重要なのです。

資格や受賞歴なども実績のうちです。謙虚な人ほど資格や受賞歴を軽視しがちですが、これらは、過去の自分の誇れる部分を、もっともわかりやすく表現するものといっていいでしょう。

「数値化された実績」と聞いて「何もない」と思った人もいるかもしれません。でも、数字で示せない成果が1つもない人なんていません。何もないと感じているとしたら、それは単に数字のとらえ方を知らないだけなのです。

数字は、自分で思っているよりずっと豊かに、自分のストーリーを語ってくれるものです。とらえ方は1つではありません。ぜひ本章で、数字のとらえ方のバリエーションをつかみ、「実績を数字で表現する」スキルを身につけてください。

◆価値観が「魂のこもった理念」を作る

最後の質問⑦⑧⑨は、「自分の価値観がどの程度、確立しているか」という現在地を知るためのものです。

確固たる価値観が、言葉に魂を吹き込みます。そこから生まれるのが、単なる美辞麗句ではない、自分ならではの理念です。この魂のこもった理念が、今の自分と将来の自分をつなぐ架け橋になります。

ここで重要なのは、自分自身が「しっくり」くること、理念が「自分のもの」として腹に落ちていることです。そのためには、**自分が何を大事にしているのか、どんな思いで仕事をしているのか**と、自分を深掘りすることが必要です。

では実際に、51ページの「9つの質問」に答えてみてください。

NOばかりの人、どうぞ安心してください。これから一つひとつステップを踏んでいけば、最後には、すべての質問に自信をもってYESと答えられるようになります。

そのために本書があるのです。

一方、YESが多い人。こういってては失礼かもしれませんが、自分ではそう思っていても、おそらくまだ課題があるはずです。自分でもそう感じているから、本書を手にとったのではありませんか？

ひょっとしたら、比較的ラクにこなせるワークもあるかもしれませんが、一つひとつ丁寧にステップを踏んで、ぜひ「自分という個の価値」を、揺るぎないものへと高めていってください。

ワーク1の取り組み方

◇51ページの「今の自分」を知る9つの質問でお聞きするのは、最終的には自分の「現在地」を知るためです。すべてYES／NOで答えられるもので、現時点の自分を等身大でとらえることが目的ですから、難しく考えずに答えてください。

◇「YES」と答えた質問については、その内容もメモしておいてください（たとえば「肩書きはありますか？」という質問がYESなら、思い浮かんだ肩書きをメモしておく）。すると、本書で取り組むフィードバックのビフォア&アフターが見えやすくなり、達成感も大きくなるでしょう。

ワーク2

「感謝の声」を集める

仕事とは、例外なく相手のあるものです。ということは、今まで真面目に仕事をしてきたのならば、「仕事相手からのあなたへの感謝の声」は必ず積み上がっているものです。それは「必ず」あります。

仕事相手の「感謝の声」を聞いていますか？

◆嬉しくなる反応を集めよう

一般のお客さまを相手にする「B to C」の仕事のほうが、感謝の声は集めやすいでしょう。でも、会社を相手にする「B to B」の仕事だって、実際の相手は人であることに変わりありません。

何を扱う職種であれ、自分の仕事の向こう側には「人間」がいる。その人たちを相手に真面目に仕事をしてきた以上は、その人たちからの感謝の声が、どこかに必ず残っているものです。

たとえば、お客さまに配ったアンケートの回答や、プロジェクトなどが成功したあとに取引先から届いたメール。文面として残っているもの以外でも「お客さまに、こんなこと言われて嬉しかったな」という記憶。なんでもかまいません。

この《ワーク2》では、過去の書類ボックス、PCメールの受信ボックス、前に使っていた携帯電話やスマートフォンのメールボックス、自分の記憶のボックス、あらゆる場所から感謝の声を探し、どんどん書き出してください。

◆感謝の気持ちを味わえるだけで大収穫

感謝の声を探してもあまり見当たらないとしたら、それは評価されていないということではなく、感謝の声を集める仕組みがなかっただけです。仕事相手が感謝の声を寄せてくれていたはずなのに、とりこぼしてきたのです。

今からでも、まったく遅くはありません。リングファイルなどで「感謝の声ファイル」を作ったり、パソコン内に「感謝の声フォルダ」を作ったりして、お客さまや取引先の担当者、上司など、仕事で接するあらゆる人から感謝の声が届くたびに、保管・保存していきましょう。

《ワーク2》で取り組んでいただきたいのは、それだけです。それだけなのですが、効果は絶大です。

まず、ズラリと並んだ感謝の声を眺めるだけで、「今までがんばってきたんだな」といい気分になれます。これだけでも大収穫。とくに「自分には何もない」と自信を失っていた人には、自己評価が上がるのを感じてほしいところです。

お客さまの声には「自分」が表れている

◆行動したことは人の心に残る

《ワーク1》の解説でも少しお話ししましたが、自分のことは、自分では意外とわかっていないものです。感謝の声を並べてみたら、きっと予想外の声に気づくでしょう。自分では無意識のうちにやっていたこと、当たり前のようにやっていたこと、とっくに忘れてしまっていたこと。それらに対する感謝の声には、「自分ではきちんと目を向けられていなかった自分の姿」が表れています。

自分をより深く知るために、もっとも参考になるのは、じつは自分自身ではなく、直に自分の仕事ぶりを見ていたまわりの人たちの声なのです。

仕事相手の感謝の声を集めていただくのには、2つの理由があります。

1つめの理由はシンプルで、**「実績を数字で表すよりも簡単にできる」**からです。

実績で数字を表すには少し工夫が必要ですが、仕事相手の感謝の声を集めるには、過去の書類やメール、記憶のボックスから探すだけ。多少、手や頭を動かす必要はありますが、基本的にはたくさん探し出してきて、並べるだけです。

この簡単な作業によって、「あれ、自分は意外とよくやってきたのかも?」と思えると、このあとの振り返り作業が、よりスムーズになります。

「自分には何もないと思っていたけれど、じつは、あれもこれも『実績』と言えるんじゃないかな?」

「そういえば、あのときの仕事は評判がよかったな。実際、どれくらいの数字になったんだろう。先方に問い合わせてみよう」

というように、「誇れる過去」を探すセンサーが敏感に働き始めるのです。

つまり、感謝の声を集めるのは比較的簡単であり、なおかつ、ポジティブな効果が大きい。ここで素直に自分の気持ちが上がることが、今後のワークの推進力となるわけです。

◆人間性は人の心を打つ

2つめの理由は、感謝の声には**「数字では表しきれないものがにじみ出る」**からです。数字は、どこからどう見ても不動であり、自分の誇れる過去を把握するうえで絶大な効力を持ちます。

ただし、数字はどこまでいってもドライでクールなものであり、「仕事ぶり」「人との接し方」「仕事との向き合い方」といった人間的な面までは物語ってくれません。

一方、「感謝の声」を発しているのは、自分と同じ感情のある人間です。人間だからこそ、自分の人間的な面にも、何かしら反応してくれているはずです。

たとえば、私のお客さまに「日米通算で3000件もの難手術を成功させてきた」というイチロー選手のような脳外科医がいました。

「3000件もの難手術」というのは、誰が見てもすごい数字ですから、確かな腕のある医師だということは明確に伝わります。でも、どうでしょう。この数字だけだと少し冷たいような、怖いようなイメージを抱きませんか。

そこで効力を発揮するのが、患者さんからの感謝の声です。


「運動や食事の指導もしてくれて、とても助かりました」

「手術に関する説明が丁寧で、安心できました」

「術後も病室によく顔を出してくださったので、とても心強かったです」


いかがでしょう。こういう声も合わせると、単に「3000件もの実績のあるスゴ腕の脳外科医」というだけでなく、「確かな腕と温かい人柄も兼ね備えた、信頼して自分の体を任せられる脳外科医」というイメージになります。

仕事相手から見た自分は、どんな人間なのか。その人たちは、仕事をしている自分の、どんな一面に心を動かしてくれたのか。

いわば数字を「冷」とするなら、感謝の声は「温」です。この温冷の両方がそろってやっと、自分というものを正確に振り返ることができるのです。

ワーク2の取り組み方

◇過去の書類ボックス、PCメールの受信ボックス、前に使っていた携帯電話やスマートフォンのメールボックス、自分の記憶のボックスなど、あらゆる場所から感謝の声を探してきて、書き出してください。

◇「当たり前すぎる感謝の声」では、あまり効果がありません。次の①〜③のいずれかをクリアしている「感謝の声」を探してみましょう。

ワーク実践例

①あなたの「仕事ぶり」がわかるもの

・「納品後はそれっきりになる営業マンが多いのに、気にかけて電話をくれる」(営業マン)

・「自分たちよりも商品を愛してくれているから、安心して任せられる」(WEB

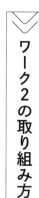

制作者）
・「レシピが同封されているので、知らない魚でも料理ができる」（通販鮮魚店）

②あなたの「個性」が表現されているもの
・「必ず光るものを見つけ出そうとするすごみを感じた」（コーチ）
・「被写体に対する愛が滲み出ている」（写真家）
・「困ったときは、ひとまず○○さんに相談することにしている」（研修講師）

③仕事相手に起こった「ポジティブな変化」が明確になっているもの
・「肩こりや頭痛が消え、薬を飲まなくてもよくなった」（リラクゼーションサロン）
・「過去6年間赤字だったが、2期連続で黒字経営に転換した」（セミナー会社）
・「赤ちゃんがゴクゴク音を立ててミルクを飲むようになった」（育児アドバイザー）

●「当たり前すぎる感謝の声」の例
・「丁寧に仕事をしていただき、ありがとうございました」
・「安心してお任せできました」
・「おかげさまで無事に完成しました。ありがとうございました」

◇「感謝の声」を書き出していくと、おそらく相当な量になるので、思いつきで書いた時点で片端からプリントアウトしてファイリングする「感謝の声ファイル」や、パソコン上に「感謝の声フォルダ」を作ることをおすすめします。

◇これらの「感謝の声リスト」はステップ2でも使いますが、ここでは失いかけている自信を取り戻すきっかけをつかむことが目的です。ひとまず何も考えずにリストを眺め、「自分はよくがんばってきたな」「こんなに感謝されていたんだな」という気分にひたってください。

ワーク 3

自分を高める「数字」を集める

次に取り組んでいただきたいのは「数字」です。感謝の声を集めるときは、自分の仕事ぶりや個性、相手に起こったポジティブな変化に着目します。そして、これらを物語る仕事相手の声があったのなら、それは何かの数字にも表れているはずです。ここでは、それを見つけていきます。

自分を評価してくれる「数字」を集める

◆誰もが「誇れる数字」を持っている

数字というと、決まって「私には誇れる数字はない」という声が多く上がりますが、それは数字のとらえ方を、せいぜい1つくらいしか知らないからです。

実際、みなさんは、「数字」と聞いてどんなイメージが浮かびますか?「営業成績ナンバー1」「年間売上額○千万円」といった、いわゆる「輝かしい数字」が浮かぶのではないでしょうか。

こうした実績をあげている人ばかりではないから、多くの人が「私には誇れる数字なんてない」と思ってしまうのでしょう。とくに真面目で謙虚な人ほど、ここで思考停止に陥り、自信を失ってしまうのです。

もちろん「輝かしい数字」があるのなら、誇りに思うべきです。でも、それだけが数字のとらえ方ではありません。

しかるべき導き方をすれば、じつにさまざまな形の「誇れる数字」が表れてきます。わかりやすく大きな実績でなくても、視点を変えてみるだけで、立派な「実績」となる数字が導かれることが多いのです。

つまり、**誰もが必ず「誇れる数字」を持っている**ということ。ここでも繰り返しますが、「誰もが、必ず」です。

誰かに感謝されるような仕事をしてきたのなら、その感謝は数字で見える形にも変換できる。そう信じて、ぜひ《ワーク3》に取り組んでみてください。

◆「誇れる数字」を導く方法がある

では実際に、どうやって「誇れる数字」を導いたらいいのでしょうか。

1つめの方法は、次の順序で考えてみることです。

①自分は「誰」に「何」をしたか？
②自分に仕事を頼む前の「相手の状況」は？
③そこからどんな「変化」があったのか？　↓数字で表せる実績を書き出す。
④その後の成果はどうなったのか？　↓数字で表せる実績を書き出す。

要するに、**仕事相手の「ビフォア&アフター」、さらには「アフターの先のアフター」に着目して、数字をあぶり出す**ことです。

2つめの方法は、次の7つの切り口で過去を振り返ってみることです。

①「累計」で見せる
・この業界にいる合計年数

・受講者やお客さまの累計の人数
・今までの受注獲得額
・ダウンロードの合計数
・メルマガ読者数
・SNSのフォロワー数
・納品先の店舗数
・取引件数　など

②「ランキング」で見せる
・業界内の各種ランキング
・社内ランキング（月間・年間）
・エリア内のランキング　など

③「受賞歴」で見せる

・入賞歴
・受賞歴
・連続受賞歴　など

④「規模感」で見せる
・プロジェクト規模
・担当企業の経営規模　など

⑤「率」で見せる
・リピート率
・満足度
・不具合率
・粗利率
・定着率

・普及率　など

⑥「スピード」で見せる

・入社わずか1年で○○
・導入後わずか3カ月で○○　など

⑦「希少性」で見せる

・年間○組限定
・1日○人限定
・期間限定　など

このようにバリエーション豊かに数字をとらえるようになると、仕事を振り返る視野そのものが広がり、今まで自覚していなかった「誇れる数字」「誇れる仕事ぶり」に気づけるようにもなるでしょう。

たとえば、次々と大口契約を決めている同期の影で、自信を失っていた営業マンが、じつは中小企業の経営者にとても信頼されていて、コツコツと小口契約を積み重ねている、などです。

華やかさでいえば、当然、大口契約のほうが目立ちます。目立つからこそ、大口契約にはまわりから称賛の声が寄せられ、その陰で自分は「あの人はすごいなあ。それに引き換え自分は……」と自信を失ってしまいがちです。

でも、**目立った契約をとることだけが営業マンの価値ではありません**。

何人もの中小企業の経営者と懇意になり、「担当が君だから契約したい」と信頼されているなら、それは今後の長期継続を保証する可能性が大きいということであり、さらに、そこからの紹介で取引先の幅が広がることを期待させます。

そして結果的に、一つひとつの契約額は大きくはないけれど、総契約額でいえば大口契約に引けをとらないくらい、コンスタントに契約をとっているかもしれない。だとしたら、それは仕事に安定感があるということです。立派な「実績」なのです。

どこかで取引に支障が出た場合のリスクを考えると、小さくても広く付き合いのあるほうがリスクヘッジできるという強みもあります。
そういう価値もあるということに気づくことが重要なのです。

以上の営業マンの話は、ほんの一例です。7つの切り口にこだわらず、もっと多くの角度から自分の仕事を振り返り、「よくやってきたなあ」と実感できるようになってください。

数字で表現する効果は絶大！

◆数字は「ふーん」を「へえ！」に変える

数字の一番の強みは、誰が見ても同じものをイメージできることです。たとえば、「人気のパーソナルトレーナー」「多数の企画コンペに入賞」と聞いても、「人気」「多数」という言葉に人が抱くイメージはバラバラです。

それが、「リピート率95％のパーソナルトレーナー」「8年で6回、企画コンペに入賞」となると、どうでしょう。

「人気のパーソナルトレーナー」「多数の企画コンペに入賞」と聞いても、たいていは「ふーん（それってどれくらいなんだろう）」で終わってしまいます。でも、「95％」

「8年で6回（つまり、ほぼ毎年）」という数字は、誰が聞いても同じです。だから、「へえ！（95％って、すごい！）」「へえ！（ほぼ毎年だなんて、すごい！）」という驚きを生むのです。

この「へえ！」は、自分のスキルや腕の確かさに対する相手の「信頼感」「安心感」「納得感」の表れです。

未来の仕事相手に対して、自分の腕の確かさをストレートに伝えるためには、「誰が見ても同じものをイメージできる数字」で表現するのが、もっとも効果的なのです。

◆「当たり前」のなかに「すごい！」がある

もう1つ、実績を数字で表現するにあたって、伝えておきたいことがあります。それは、**自分にとっての「当たり前」「普通」は、他人にとっては当たり前でも普通でもなく、「すごい！」場合がある**ということです。

たとえば、「機械の事故率0・01％」「エステのリピーター率99％」というのは、すごい数字ですよね。これは、両方とも私のお客さまの実例なのですが、当の本人たちは、これらの数字のすごさを自覚していませんでした。というのも、本人たちにとっては、その数字は「当たり前」「普通」だったからです。

私が「すごい数字を持ってるじゃないですか」といっても、「こんなの普通です」「当たり前なので、ぜんぜんすごくないんです」と小さくなっている。単なる謙遜ではない様子に、人は自分のことほどわかっていないものなんだな、と改めて思いました。

同様のことが、自分にも当てはまると考えてください。

せっかく誇れる数字があっても、自分が「当たり前」「普通」のことだとフタをしてしまったら、そのすごさは人に伝わりません。

だから、「自分では当たり前、普通だと思っていることは、じつはすごいことかもしれない」という頭で過去を振り返ってみてほしいのです。

◆「資格の数」は実績にはならない

これから《ワーク3》に取り組んでいただきますが、その前に1つだけ、注意点があります。とくに自信を失っている人や、やりたいことが明確になっていない人は、焦燥感にかられるせいか、やたらと資格取得に走りがちです。

でも、いくら「数字」が大事とはいえ、資格と実績とは直結するものとは限りません。つまり資格が結果を生む保証などまったくないので、「資格の数」は実績とはいえないのです。まるで資格コレクターのように手当たり次第にとった資格は、自分の腕の確かさを物語ってはくれません。

どれほどがんばって資格数を増やしたところで、しょせんは「ふーん」です。そこに、誰かが「この人にお願いしたい」という価値を見出してくれることは、ほぼないでしょう。数は数でも、「へえ!」が生まれない数では、意味がないのです。

もちろん、持っている資格が仕事に生きる場合は別です。たとえば、販売職が販売士の資格を持つなどは、「へー!」につながるでしょう。

ワーク3の取り組み方

◇次の順序に従って考え、順序③や④で出てきた「数値的実績」を書き出します。

①自分は「誰」に「何」をしたか？
②自分に仕事を頼む前の「相手の状況」は？
③そこからどんな「変化」があったか？　↓数字
④その後の成果は？　↓数字

◇今までの自分の仕事を、「累計」「ランキング」「受賞歴」「規模感」「率」「スピード」「希少性」の7つの切り口で振り返り、導き出された「数値的実績」を書き出します。

以上から1つでも誇れる数字が見つかれば、自分に強みがあるということです。

ワーク実践例1

①自分は「誰」に「何」をしたのか？

A. 慢性呼吸器をつけた患者さんに、日常生活の息苦しさをなくす指導をした。

B. 自分の顔に自信がないという就職活動中の女子学生に、「面接官に好印象を持たれるメイク講座」を開催した。

C. ハーブを健康管理に活用するセミナーの受講者に、不調の原因からハーブの活用法や日常生活への取り入れ方を伝えた。

②自分に仕事を頼む前の「相手の状況」は？

A. 日常生活で歩行が辛く息苦しいために歩かなくなり、運動量がゼロで引きこもっていた。

B. 「どうせ私は地味で取り柄がない」が口癖で、メイクに興味もなかった。

C. 体調不良にどんな種類のハーブが合うのか、使い方も知らなかった。

③そこからどんな「変化」があったのか？

A．自分で呼吸の調整ができるようになり、息苦しくなく動けるようになった。
B．「メイクでこんなに変われるなんて！」と感動し、その後はメイクを楽しむようになり、プロフィール写真も劇的に改善した。
C．ハーブの使い方のバリエーションが増え、健康意識が高まった。

④その後の成果は？

A．階段を10段のぼれるようになったので近所のお店に行けるようになり、友人も増えた。
B．その後、客室乗務員に内定した。
C．ストレスケアができるようになり、「風邪をひきにくくなった」「アレルギーが軽減された」「熟睡できるようになった」などの効果が出て、病院に行く前に予防できるようになった。

ワーク実践例2

①「累計」で見せる

「中小企業の経営者からの信頼が厚く、コンスタントに契約を積み重ね、営業部配属から5年間の累計契約額は2億円にもなった」（営業職）

「施術歴は21年を超える」（美容業オーナー）

「これまで2万人以上の学生の就活をサポートしてきた」（研修講師）

「海外経験は17カ国、渡航は120回以上」（学童保育経営者）

②「ランキング」で見せる

「3週連続第1位、週間売上トップ3を達成した」（音楽プロデューサー）

「応募者2000名中わずか1％のファイナリストに選出された」（モデル）

③「受賞歴」で見せる

「在籍8年間でセールスコンテストに6回入賞」（元住宅営業マン）
「マネジャーに抜擢され、全国広告宣伝キャンペーン全国1位を獲得」（英会話学校マネジャー）
「入社わずか2年目で社長賞を受賞」（日本文化の指導者）

④「規模感」で見せる
「地場工務店を全国20拠点、年商250億円、従業員400名のハウスメーカーに飛躍させた」（一般社団法人の代表理事）
「売上規模1000億円を1兆円超に伸ばすプロジェクトを担当」（コンサルタント）

⑤「率」で見せる
「創業10年間に納期遅れは0％だった」（個人製造業）
「初回リピート率は95％を誇る」（パーソナルトレーナー）

「実質ゼロから立ち上げ、わずか7年で市場普及率70％を超えた」（コンサルタント）

⑥「スピード」で見せる

「初対面からわずか2回の訪問で1億900万円の法人契約を結んだ」（営業マン）
「オープンからわずか1カ月で800名が口コミで入会した」（健康施設オーナー）
「入社5年目で全支店対象の新入社員指導官に抜擢された」（インストラクター）

⑦「希少性」で見せる

「設計を受注するのは年間6棟限定」（建築士）
「1日30食限定」（国産の手打ちそば職人）

◇7つの切り口から過去を振り返っているうちに、それ以外の切り口でも「誇れる数字」が見つかったら書き出しておきます。

ステップ2

自分の価値が明らかになる

ステップ1の「仕事相手の感謝の声」と「数値化された実績」を眺めるだけでも、「今までよくがんばってきたな」「けっこう、ちゃんとやってきたんだな」というふうに、自己意識がポジティブに変わったと思います。そのうえで、ステップ2で取り組んでいただきたいのは、自分の仕事に関する「理念」を作ることです。

ワーク 4

「これからの自分」につながる13の質問

理念――よく聞く言葉ですね。でも実際のところは、よくわからないという人が大半だと思います。「あなたの理念は何ですか」と問われて即答できる人は、そうそういないでしょう。しかし、これが明日の自分を素晴らしくしていくのです。

「理念」を定めるのは難しい

◆「美しい」だけでは心に響かない

理念とは何か――仮に答えられたとしても、多くの場合、美しい言葉が並んでいるだけ、単に優等生的な模範解答というだけ。これでは、何も心に響きません。

自分の頭で考え抜かれていない理念は、言葉こそ美しくても、魂がこもっていない。そういう理念は、人の心に響かないのです。安易に繰り出される「世界平和」「人類みな平等」といった言葉が、どこか空疎に響くのと同じです。

だから、理念は難しい。だからからこそ、丁寧に、慎重に取り組む必要があります。

では、なぜ理念が必要なのでしょう。理念はあなたがどう生きていきたいのかという、未来の宣言書です。原点でもあり、向かうべき方向性が記されたもの。それが理念なのです。

人は5秒もすればやらなくてもいい理由を考え始めてしまうそうです。

「あの人はすごい。それに比べて自分は……」

「時期尚早かな……」

「もう少しお金がたまってから考えようかな……」

そういった言葉があなたを支配し始めます。

そんなときに力になってくれるのが理念なのです。

理念が言葉になっていれば、どんなときもあなたを守ってくれます。いつもそばで見守ってくれている「言葉のお守り」のようなものかもしれません。

理念を読み返せば、そのときに決めた自分の感情がわきあがってきます。なぜそうなるのかというと、理念の中にはあなたのエネルギーが入っているからです。自分に嘘をついた生き方をしていたら、自分自身で気づくことになるでしょう。

人それぞれ、向かうべき方向が違えば、持ち物も変わります。山に行くときには、山で必要なものをそろえます。海に行くときには、海で必要なものをそろえます。だから、自分の人生を歩んでいくときに人の持ち物をみて、不安になる必要はないのです。自信をもって自分の人生を歩んでいくための「羅針盤」を手にしてください。まさにそれが、理念を作り上げる意義です。

◆大事なのは、自分が「しっくり」くるか

理念作りで問われるのは、言葉の巧みさではありません。大切なのは、自分が「これこそが私の理念だ」と腹の底から納得できること。いわば「しっくり感」です。この「しっくり感」を得るために問われるのは、自分の「価値観」です。

・**自分は仕事に関して、どんな価値観を持っているのか。**
・**仕事でもっとも大事にしているのは、どんなことか。**
・**どのような思いを抱きながら、誰に対して、何ができるのか。**

これらの総体が「価値観」であり、理念に吹き込まれる魂となります。それをもって、初めて、「美しいだけで空疎な理念」ではなく、「自分自身がしっくりきているからこそ、人の心にも響く理念」となるのです。

いきなり理念だの価値観だの言われて戸惑うかもしれませんが、安心してください。《ステップ1》でもそうだったように、一つひとつプロセスを踏めば、「そうか、これだったんだ」と心から思える理念ができ上がっていきます。

自分の「価値観」を追求する

ステップ2は、「理念の魂となる自分の価値観」を探す旅です。ワークに入る前に、ステップ1と同様に質問から始めましょう。

ステップ1の「今の自分を知る9つの質問」は「自分の現在地点」を探るためのものでした。ステップ2は、「これからの自分につながる13の質問」で、今後、長きにわたって仕事人生を支える価値観を探っていくためのものです。

本章では「価値観」「理念」と堅苦しい言葉が続きますが、大事なのは自分が「しっくり」くることです。

つまり、価値観も理念も、より深く自分を見つめ直すことでしか、たどり着けない答えなのです。

たとえば、どんなことを大切にしているのか、誰を仕事相手とするのか、何をすることでその仕事相手の役に立つのか。すべてをひっくるめて、「私はこういう者です」とひと言で言い切れるようになることが肝心です。

この次ページの「13の質問」は、その足がかりとなるものです。ぜひ、じっくり考えて答えていってください。

★「これからの自分」につながる13の質問

①『情熱大陸』『プロフェッショナル 仕事の流儀』『ガイアの夜明け』、どれかに出演するとしたら、どんな自分が絵になると思いますか？「○○しているところ」と、思いつく限りリアルに挙げてください。

②仕事相手が、どう変化したときに、仕事のやりがいを感じますか？

③どんなときにモチベーションが上がりますか？

④「普通の人は○○するけど、私は△△する」というものは何ですか？ 仕事に関することに限らず、日常のささいな場面のことでもかまいません。

⑤過去の勤務先で学んだことは何ですか？ また、過去の勤務先に「キャッチコピー」をつけるとしたら？

⑥尊敬する人物を3名挙げてください。その人たちを尊敬する理由は何ですか？

⑦知人から「あなたって○○だよね」と言われることは何ですか？

⑧「あのときの経験があるから、今の自分がある」というものを挙げてください。

⑨次の10年を「漢字1文字」で表すとしたら？

⑩仕事相手が、あなたの商品やサービスを「買う理由」は何だと思いますか？

⑪仕事相手が、あなたの商品やサービスを「買わない理由」は何だと思いますか？

⑫仕事相手が抱えている「不」（不安、不満、不審、不信など）を書き出してください。

⑬どんな人や企業と仕事をしていきたいですか？

ワーク4の取り組み方

◇ステップ1の「9つの質問」とは違い、考えさせる質問ばかりです。自分と深く向き合う足がかりとなるので、時間がかかっても、じっくり考えてください。

◇答えにくい質問があったら、「ワーク実践例」を参考にしてください

ワーク実践例

①『情熱大陸』に出演するとしたら、どんな自分が絵になると思いますか？「〇〇しているところ」と、思いつく限り具体的に挙げてください

・過疎地域の人々と一緒に「笑いヨガ」をしている自分。参加者は最初、表情がかたかったのに、「笑いヨガ」をするうちに笑顔になり元気になっていく様子。

・自分が講師をしている姿。エステ現場で技術指導をしたり、個人サロンのオー

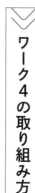

ナーの相談にのっているところ。
・研修の効果を高める教材開発のミーティングをしている場面。
・話しづらそうにしていた受講生が、舌トレをしたら「なめらかにしゃべれるようになった！」と喜び、声が格段に改善されている場面。
・人事担当者と研修の打ち合わせ。感じている課題や研修後に得たい結果についてヒアリングし、担当者がワクワクしている場面。
・「おかげさまでアナウンサーになれました」と報告する学生と手を取り合って喜んでいる場面。
・大きなコンクールに出場するバレリーナを施術している場面。
・自分が一生懸命バレエのレッスンをしている場面。
・お客さまと店内で談笑しているシーン。でもじつは世間話をしながらストレスケアをしていて、その話のなかから体質改善のヒントを見つけている場面。

②仕事相手が、どう変化したときに、仕事のやりがいを感じますか？

・怒りや辛さで苦しんでいた人と一緒に笑い合えるとき。
・顧客が自分で問題解決の糸口を見つけられたとき。
・顧客がキラキラした笑顔になり、自分は役に立ったと思えたとき。

③どんなときにモチベーションが上がりますか？

・自分のよい面が認められ支持してもらえたとき。
・目の前で、自分の状況をなんとかしたいと頑張っている人を見たとき。

④「普通の人は○○するけど、私は△△する」というものは何ですか？　仕事に関することに限らず、日常のささいな場面のことでもかまいません。

・普通の人は「あきらめる」けど、私はあえて「粘る」。
・普通の人は「自分のためにする」けど、私はあえて「人のためにする」。

・普通の人は「待つだろう」けど、私はあえて「行動する」。
・普通の人は「遠慮する」けど、私はあえて「受け取る」。

⑤過去の勤務先で学んだことは何ですか？　また過去の勤務先に「キャッチコピー」をつけるとしたら？

・学んだこと…全力を尽くしても助けられない命があるという医療の無力さ。
キャッチコピー…生と死のはざまでの体験
・学んだこと…働くって楽しい！
キャッチコピー…接客業は体力勝負

⑥尊敬する人物を3名挙げてください。その人たちを尊敬する理由は何ですか？

・辻井伸行…五感の8割を占める視覚を持たないにも関わらず、聴覚と触覚だけで好きな音楽を追求し地位を築き上げた。

・イチロー選手…日々鍛錬し続け最後までプロであり続ける真摯な姿。そのストイックさが個性になっている。

・羽生結弦…ストイックな自己管理。

・中村天風…自分の体験から、生きるための大切な法則を伝えてくれている。自分が本当にやってきたことから出てくる言葉の影響力を感じる。

・ネルソン・マンデラ…屈服しない・あきらめない。過酷な状況でも信念を貫く姿勢。

・姑…自分の役割を全うし、家族のためにできる限りのことをやり切っている様子。

⑦知人から「あなたって○○だよね」と言われることは何ですか?

・おもしろい人。

・かなりの変人。

・アイデアがポンポン出る人。
・ネーミングが上手な人。
・いっぱい食べて、いっぱい飲む人。
・ニコニコしながらキツイことを言う人。
・おもしろいことを知っている人。

⑧「あのときの経験があるから、今の自分がある」というものを挙げてください。

・父が倒れ、18年要介護状態となる。それまでは自分が頑張ればなんとでもなると思っていたが、どうにもならないこともあることを知る。現在キャリア関連の面談をするにあたり、介護の実体験からそこに生じる問題を話すことが支えになっている。
・被災して避難所で過ごしていたが、大学進学を決めたこと。

⑨次の10年を「漢字1文字」で表すとしたら?

・建…自分が次世代に継承・貢献できることを形にしていきたいから。
・躍…飛躍・躍動の気配を感じるから。
・信…自分を信じて生きていきたいから。
・結…これまでの点が線となり、結ばれていく集大成だと思うから。
・進…自分を明確にできれば、あとは進むだけだと思うから。
・極…極め、さらに突き詰めて、もっと極めていきたいから。

⑩仕事相手が、あなたの商品やサービスを「買う理由」は何だと思いますか?

・すでに学んだ人の口コミの影響力と学んだ人が別人のようになることもあり、「なぜ?」と聞かれることがあるから。
・うまくいきそうだという期待が持てたから。

・私という人物と会社を信用してくれるから。
・サービスを受けることで、不安が解消されると思ったから。
・私が現場で体験した「困り感」をお客さまも感じているから。

⑪仕事相手が、あなたの商品やサービスを「買わない理由」は何だと思いますか？

・予算が取れないから。
・値段が折り合わないから。
・やったらいいのはわかっているけど、優先順位として低いから。
・自分と向き合うことが嫌な人は潜在意識が邪魔して買わないから。
・耳の痛いことを言われたくないから。言われると怖いから。
・ほかの人との違いがよくわからないから。
・なぜ値段が高めなのかよくわからないから。

⑫仕事相手が抱えている「不」（不安、不満、不審、不信など）を書き出してください。

・受け入れてもらいたいのに、受け入れてもらえない。
・わかってもらいたいのに、わかってもらえない。
・どうやったら伝わるのかわからない。
・価値観の多様化でコミュニケーションが難しい。
・自分の価値がわからない。
・まわりの人が自分をどう評価しているか気になる。
・苦手な同僚や上司がいて人間関係がうまくいかない。
・落ち込みやすく立ち直りにくい。
・相手の変化が見られない。
・お客さまとのかかわり方に迷いがある。
・自信がない。
・本当にできるようになるのか不安。

・そうはいっても無理なんじゃないのか…
・思ったより値段が高い…
・何ができる人かよくわからない…
・効果は出るのだろうか…
・具体的に何ができるのだろう…

⑬どんな人や企業と仕事をしていきたいですか？

・社員としての力や可能性を伸ばしていくことに努力している企業。
・会社の成長は一人ひとりの意識の変化で起こせると信じている企業。
・働く人を大切にしている企業。
・仕事に緊張や集中力を強いられる企業。
・誠実に、ひたむきに、自社の製品やサービスのよさを多くの人に知ってもらい、社会に貢献しようと努力している企業。

ワーク 5

5つの視点で「感謝の声」を選別する

ここからは、順を追って理念を作っていきます。まず重要になるのが、自分は「誰に」「何をするのか」。つまり「自分の理想の仕事相手（お客さま）は誰なのか?」「自分は、いかにその人たちの役に立つのか?」ということです。

「誰に」「何をするのか」の精度を上げる

ここでふたたび登場するのが、ステップ1の《ワーク2》で集めた、仕事相手からの「感謝の声」です。

《ワーク2》では「当たり前すぎる感謝の声」を排除したうえで、

①あなたの「仕事ぶり」がわかるもの
②あなたの「個性」が表現されているもの
③仕事相手に起こった「ポジティブな変化」が明確になっているもの

を集めました。

この《ワーク5》では、これらの感謝の声をさらにふるいにかけ、自分の「理想の仕事相手（お客さま）像」と「理想の仕事像」を明確にしていきます。

難しそうに感じるかもしれませんが、とても簡単です。まず、お客さまの次のような声を集めます。

①お客さまの大きな変化を表している声
②お客さまの「不」の不安な気持ちが解消された声
③お客さまが、どんなことに悩んでいたかがわかる声
④お客さまの成果がわかる声
⑤お客さまの「あなたに出会わなければ解決できなかった」という声

《ワーク2》の感謝の声のうち、これら5つのいずれかをクリアしているものを拾っていくだけです。

こうして、最初に集めた**「質の高い感謝の声」**から、**「より質の高い感謝の声」**を

抽出することが、《ステップ2》のゴールである「理念」につながります。

また、これくらい絞り込まれた感謝の声があると、たとえば、昇級試験や転職の面接などで自分の実績をプレゼンテーションするときにも、大いに役立つでしょう。

抽出された「より質の高い感謝の声」は、自分の仕事ぶりや腕の確かさを、さらに明確に相手に伝えます。

これらを履歴書の文面や面接時に示すことで、評価する側は「この人は、こういうお客さまを相手に、こういう成果を出せる人なんだ」と好印象を抱くわけです。

ワーク5の取り組み方

◇ステップ1の《ワーク2》で集めた「感謝の声」のうち、次の5つのいずれかに当てはまるものを書き出します。ここで抽出されるものが「より質の高い感謝の声」です。参考のため、具体例を付けておきます。

ワーク実践例

①お客さまの大きな変化を表している声
・人生が変わった。
・自分のことを一番に考えて動けるようになった。
・他人に優しい言葉をかけられるようになった。
・苦手な上司にも挨拶できるようになった。

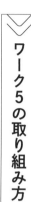

②不安な気持ちが解消された声
・行動のブレーキがかからなくなった。
・いいアイデアが浮かぶようになった。
・年齢を重ねることが怖くなくなった。
・子どもにイライラしてあたることがなくなった。

③どんなことに悩んでいたかわかる声
・朝までぐっすり眠れるようになった↓不眠に苦しんでいた。
・クレームが激減した↓クレーム対応に時間がとられていた。
・優先順位がはっきりした↓優先順位がはっきりせず時間ばかりかかっていた。
・赤ちゃんの便秘が直り体重が増えた↓赤ちゃんの便秘に悩んでいた。

④お客さまの成果がわかる声
・大型の受注が決まった。

・姿勢がきれいになりヒップアップした。
・年商が1ケタ増えた。

⑤

「あなたに出会わなければ解決できなかった」という声

・機械音痴の自分でも簡単にできるようになった。
・全国からお客さまが訪れるようになった。
・大きな手術を受けなくてもよくなった。

＼では、やってみましょう！／

ワーク6
「嘆きの構文」で価値観を探る

ほかの人にイライラしたり、なんとなくモヤモヤしたりしていることを吐き出してみると、日ごろ抑えている感情が解放されて、自分の本当の価値観が浮き出てきます。

自分は何を大切にしているのか？

《ワーク5》で書き出した「より質の高い感謝の声」を眺めてみて、いかがですか？
仕事相手は、自分以上に自分の仕事ぶりがわかっている人たちです。きっと、厳選された感謝の声を通じて、自分はどんな人を相手に、何をしているのかがわかり、「理想の仕事相手（お客さま）像」と「自分の仕事像」が、はっきりと見えてきたのではないでしょうか。

そこで取り組んでいただきたいのが、いよいよ理念作りです。自分の価値観を探り、「言葉だけは美しいけれど空虚な理念」ではなく、「自分がしっくりきているからこそ、人の心に響く理念」を作っていきましょう。

この《ワーク6》では、自分が日ごろ抑えている感情を少し解放してあげます。次の**「嘆きの構文」**を埋めることで、心のうちに秘めている「大事にしたいこと」をあぶり出していきます。

「もう！　本当に見ていられない。あなたは○○しているから、うまくいかないんだよ！大事なのは□□することじゃなくて、△△なんだよ、まったく！」

真面目に仕事をしていれば、きっと誰もが、ほかの人の仕事の向き合い方、取り組み方にイライラしたことがあるはずです。そのイライラあるいはモヤモヤを、ここで言葉にして存分に吐き出してください。

こんなワークに何の意味があるのか、と思うかもしれませんが、ここで吐き出す感情が、自分の腹の底にある思いを表面化させてくれます。

仕事に関する日ごろの鬱憤を「嘆きの構文」として吐き出すことで、今までは自覚していなかった価値観があらわになるのです。

「嘆きの構文」は、できるだけたくさん書いてください。最低でも10個を目指していただきたいのです。大変だと思いますが、たくさん書き出しているうちに、同じような言葉や表現が並んでいることに気づくはずです。

それこそが、「結局のところ、自分はこういうことを大事にしているんだな」というこだわりや執着、つまり仕事に対する価値観のキーワードなのです。

ここであぶり出されるキーワードは、思い思いに理念を書く次の《ワーク7》、さらには本書の総仕上げ段階であるステップ3でも重要になってきます。

ワーク6の取り組み方

◇あなたと同じ職種の人が、おかしなやり方で失敗しているとします。当然、あなたは、「もう！　本当に見ていられない。あなたは①しているから、うまくいかないんだよ！　大事なのは①することじゃなくて②なんだよ、まったく！」と思うでしょう。

①と②にはどんな言葉が入るか、考えてください。

◇上司、同僚、部下、後輩、会社、取引先、同業他社、業界全体への嘆き。普段の仕事風景やまわりの人たちの顔、業界ニュースを思い浮かべながら、10個以上洗い出してみましょう。

◇「嘆きの構文」を出し切ると、「繰り返し出てくる言葉」が浮かび上がってきます。それが「価値観のキーワード」です。それを最後に書き出しておきましょう。

ワーク実践例1

①「嘆きの構文」で価値観を探る

「もう！　本当に見ていられない。あなたは①いつも社内にいて、ネットで売れる企画のタネを探そうとしているから、うまくいかないんだよ！　大事なのは①いつも社内にいて、ネットで売れる企画のタネを探そうとすることじゃなくて、②社外に積極的に出て、新しい人たちとどんどん会い、キラリと光る才能が感じられる新人を発掘することなんだよ、まったく！」（マスコミ系会社員）

②嘆きの構文からキーワードを抜き出す

□売れる企画のタネ
□積極的に社外に出る

□新しい人たちと会う
□キラリと光る才能
□新人
□発掘

ワーク実践例2

①「嘆きの構文」で価値観を探る

「もう！　本当に見ていられない。あなたは①いつも思い通りにいかないとスネているから、うまくいかないんだよ！　大事なのは、①いつも思い通りにいかないとスネることじゃなくて、②相手が知りたいことや聞きたいことに意識を向けて、質問することなんだよ、まったく！」（教育関係者）

②嘆きの構文からキーワードを抜き出す

□相手に意識を向ける
□人を動かす・人が動く
□相手の知りたいこと
□質問する

ワーク実践例3

①「嘆きの構文」で価値観を探る

「もう！　本当に見ていられない。あなたは、①キャッチコピーを丸パクリしているから、うまくいかないんだよ！　大事なのは、①キャッチコピーを丸パクリすることじゃなくて、②自分の言葉を持ち、自分の言葉で伝えることなんだよ、

まったく！」（コンサルタント）

②嘆きの構文からキーワードを抜き出す

□自分の言葉を持つ

□伝わる言葉

＼では、やってみましょう！／

ワーク7

フリーハンド理念ライティング

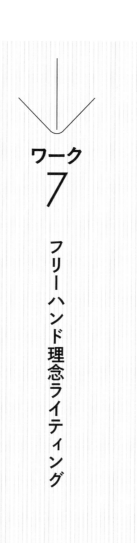

理念とは、魂、価値観の結晶です。だからこそ人の心を打つのです。そして誰もが理念を持っています。ただ、これまでは正面から考えてこなかっただけ。これを明らかにすると、すごいパワーが得られます。

揺るぎない「理念」を導き出す

◆理念を作ると一切の迷いがなくなる

私は、ビジネスプロフィールのコンサルティングと経営コンサルティングを合わせ、今までに800人以上を見てきました。

その経験から言い切れるのは、初めから「理念」を正しく表現できる人は、1人としていなかった、ということです。

では、正しく表現された理念とは、どんなものでしょう。本章の冒頭でもお話ししたとおり、それは「自分自身がしっくりきているからこそ、人の心にも響く理念」です。

目にしたときに、思わず「これこそ自分だ」と涙がこみあげてくる、すべての迷いがふっきれるような、力強い言葉の集合体。

理念とは、そこまで練り上げられたものではなくてはいけません。今後、より大きな成功を手にしていきたいのなら、どんな強風に吹かれても少しも揺るがない、頑丈な屋台骨のような理念を作る必要があるということです。

実際、私のお客さまにも、コンサルティングを通じて理念を練り上げ、その理念が含まれたビジネスプロフィールを完成させたときに、感動の涙を浮かべる人は少なくありません。

なぜ、泣くほど感動するのでしょう。それは、**自分の生き様を初めて言葉で表現できたことで、一切の迷いがなくなるからです。**

「これこそが自分だ」と心底しっくりくる理念が、ビジネスプロフィールに命を与えたからこそ、その後の仕事人生を、絶大なる自信をもって勇気凛々と歩み出すことができるのです。

◆自分の内面をそのまま言葉にする

どれほど価値のある宝石たちも、自分を美しく演出する首飾りになるには、つなぎとめる糸が必要です。

それと同じように、先のワークで集めた「感謝の声」「数字」という実績がいくら貴重でも、それらを結び合わせる理念がなくては、確かな足取りで今後の仕事人生を歩んでいくことはできないでしょう。

こう言うと、何やら大層な理念を打ち立てなければいけないと思うかもしれませんが、まったくそんなことはありません。

むしろ正しく表現された理念とは、本人からすると、むしろ「こんなことでいいの？」と拍子抜けするくらいのものである場合も少なくないのです。

「理念」とは、自分の価値観が吹き込まれたものであり、「価値観」とは、「自分にとっては当たり前の見方、考え方、行い方」です。

理念は、こうした自分にとっての「当たり前」を表現しただけのものなので、自分には特別には見えない場合も多いというわけです。ただし、それ以外にありえないというくらい、しっくりくる。涙をこぼす人が多いのは、そのためでしょう。

自分では当たり前のものとして、いつも見ていること、考えていること、やっていること。それは、「日ごろから人に伝えていること」「それだけは侵害されると許せないということ」。こういうところにこそ、自分の価値観が表れます。

「価値観を探る」「理念を確立する」というのは、何かまったく新しい概念を生み出すことではありません。自分の内側にあるものを、人にも伝わる「言葉」として認識するということなのです。

「正しい理念」作りに必要なこと

・自分が心底しっくりきているからこそ、人の心に響く。
・自分の生き様を初めて言葉で表現できたことで、一切の迷いがなくなる。
・過去の実績を貫く軸となり、今後の仕事人生を支える。

《ステップ2》のゴールは、そんな理念を完成させることです。

先の《ワーク6》では､日ごろ､仕事に関して心のうちに溜め込んでいることを､「嘆きの構文」に吐き出し、自覚しきれていなかった価値観を探りました。この《ワーク7》では「フリーハンド理念ライティング」に取り組んでいただきます。

「フリーハンド」とついているように、これは、自由に理念を書いてみるというワークです。

私の経験上、最初から完璧な理念を書ける人はいません。最終的に絞り込むつもりで、思い思いに少なくとも20個は書き出してほしいところです。

「嘆きの構文」のようなフォーマットはありませんが、正しく表現された理念を作る前提条件として、次の3点を意識してください。

①短いフレーズであること

相手に「この人なら信頼できる」「この人にならぜひ任せたい」「こういう人材が欲しい」と思わせるには、一瞬で、「自分は何者か」を伝える必要があります。

そのために、理念は「一度も息継ぎせずに言い切れる」ものでなくてはいけません。

②「今までこれを大事に生きてきた!」と実感できること

《ワーク6》で探った価値観が、ここで生きてきます。

「あなたは○○しているからうまくいかない。大事なのは○○することじゃなくて△△なんだよ、まったく！」

先ほど吐き出したことから浮かび上がってきた「価値観のキーワード」を、ここで理念に込めてください。

③「こだわり、執着」から出た言葉だけであること

短いフレーズだからこそ、自分の心がともなっていない安易な言葉が入っていてはいけません。言葉の重みを自覚しながら、言葉を精査しましょう。

ワーク7の取り組み方

◇次の3点を意識しながら、理念を書いてみてください。
①短いフレーズであること
②「今までにこれを大事に生きてきた！」と実感できること
③「こだわり、執着」から出た言葉だけであること

◇20個以上、考えましょう。

ワーク実践例

・「売れる企画ネタはネットでは見つからない、直に人と会え！」（マスコミ系会社）
・「自ら選んで、飛べ！」（キャリアコーチ）

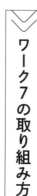

・「見方が変わると世界が変わる！」（アニマルコミュニケーター）
・「美しい自分を思い出せ」（ビューティーセラピスト）
・「自分の人生に責任を持て」（医師）
・「個を磨き、社会と調和せよ！」（メンター・教育関係者）
・「人生の軸を取り戻せ！」（理学療法士）
・「迷ったら一歩前に出る」（弁護士）
・「自然の摂理に従え」（地域創生のプロ）
・「自分の頭で考えよう！」（ライフコンサルタント）

＼では、やってみましょう！／

ステップ3

自分の価値を表現する

自分を変えずに意識を変えるための準備は終わりました。これを現実に活かしていくには、最後に、その新しい自分を相手に伝える作業が必要になります。伝えるための自己表現の仕上げをしたら、本テーマは修了となります。あと、ほんの一歩です。

ワーク 8

要素をまとめる6つのマスチャート

《ワーク1》から《ワーク7》までを、ここで完璧にまとめます。自分自身は変わらないのですが、これで明らかにパワーアップした自分に生まれ変わります。

「ジャンプ！」につながる最終段階

◆「改定版の自分像」が未来を切り開く

ここまでお疲れさまでした！《ワーク1〜6》を通じて、みなさんは、

・仕事相手の「感謝の声」と「数値化された実績」で、誇れる過去を自覚する。
・「より質の高い感謝の声」を抽出することで、自分の「理想の仕事相手（お客さま）像」と「理想の仕事像」を明確にする。
・「13の問い」と「嘆きの構文」で、理念に魂を吹き込む価値観を探る。
・「フリーハンド理念ライティング」で、今後の仕事人生を支える理念を考える。

というところまで完了しました。

おそらく多くの方が、以前は「自分には実績なんてない」「この先、どうしたらいいかわからない」といった、自信喪失や迷いのなかにいたことでしょう。

そんな状態から、今、ここまで到達したというだけでも、すごいことなのです。

この勢いで、本章では、ゴールに向かって一気に突き進んでしまいましょう。


本書の目的を、もう一度、思い出してください。

「『私はこういう者です』と自信をもっていえる意識」＝「売れる人思考」を身につけることです。もっといえば、それは「自分という個の価値」を再構築し、理想の仕事相手に、理想の仕事をすることで、以前よりはるかに大きな成果を上げられる自分、すなわち「売れる人」になっていくことです。


これには、まるで「生まれ変わった新しい自分」になるくらいのインパクトがあります。変わるのは、あくまでも自分の意識だけ。「自分自身をどうとらえるか」という自分像が改定されるだけで、実り豊かな未来が切り開かれるのです。

◆これまでのワークの成果をまとめる

　このステップ3で、まず取り組んでいただきたいのは、今までのワークでやってきたことを取りまとめ、俯瞰して見ることです。

　そのために、この《ワーク8》では、次ページの［6マスチャート］を埋めていきます。ご覧のように、基本的には、今までのワークから引っ張ってくるだけです。

　つまり、ほぼ機械的にできる簡単なワークですが、ここで「自分には過去にどんな実績があり」（マス1・2）、「どんな価値観と理念をもって」（マス3・4）、「どういう人に対して」（マス5）、「何をしていくのか」（マス6）が一挙にまとまります。

　これが、最終的に「自分という個の価値」を再構築していくために、とても重要なプロセスとなるのです。

★6マスチャート

□マス1「数字」……ワーク3「数字を集める」で書き出した「数値化された実績」

□マス2「声」……ワーク5「5つの視点」で抽出した「より質の高い感謝の声」

□マス3「キャラクター性」……ワーク4「これからの自分につながる13の質問」の①〜⑦の回答と、「自分のキャラクター性が表れているエピソード」

□マス4「理念」……ワーク4「これからの自分につながる13の質問」の⑧⑨の回答と、ワーク6で書いた理念

□マス5「ターゲット」……ワーク4「これからの自分につながる13の質問」の⑩〜⑬の回答

□マス6「肩書き」……ワーク5「嘆きの構文」のキーワードを使った1文＋職種

エピソードと肩書きの効力に注目！

◆「エピソード」の効力がすごい

［6マスチャート］は、基本的には機械的に埋められますが、2カ所だけ注目していただきたいところがあります。

1つめは、［マス3］のキャラクター性です。

ここでは、まず《ワーク4》「これからの自分につながる13の質問」の①〜⑦の回答を引っ張ってきます。そのうえで1つ回答を選び、そこに表れたキャラクター性を物語る「実際のエピソード」を書いていただきたいのです。

自分という人間は、生まれたときから連綿と続いている存在です。突然別の人格を獲得することは、ほとんどありません。ということは、現時点で「これが私だ」と思えるキャラクター性を物語るエピソードが、過去のどこかにあるはずなのです。

たとえば、私は人の素質や性質を観察し、「この人は、こういうポジションが合っている」「この人には、こういう仕事が適している」などと考えるのが好きです。周囲の人からも、「あなたって、本当に人をよく観察しているよね」（「13の質問」⑦の回答）と言われます。

それが今の仕事に役立っているわけですが、思えば小学生のころ、よく同級生を観察してはアダ名をつけていました。

私がつけたアダ名が、あまりにもピッタリだったために、以前は教室の端っこにいた子が友だちの輪に加われるようになった、なんていうこともありました。まさに現在のキャラクター性が、幼少期にすでに表れていたということです。

これくらい他愛のないことでいいのです。

もう1つ例を挙げると、「ほかの人は立ち止まるけど、自分はあえて突き進む」という《ワーク4》④の回答から、

「自分がリーダーを務めていたプロジェクトが、資金繰りの関係で暗礁に乗り上げかけたとき、あえて誰もが恐れていた有力者の懐に飛び込んで予算を引き出し、実現させた」

というエピソードを話してくれた人がいました。

このように、自分のキャラクター性を物語るエピソードが、過去のどこかに、必ずあるはずなのです。

ですから、ここでふたたび「過去の自分と握手する」つもりで、過去を注意深く振り返り、［マス3］を完成させてください。

◆「肩書き」の効力がすごい

注目していただきたい2つめは、［マス6］の肩書きです。

《ワーク6》では、「嘆きの構文」を10個書き出しました。書き出すほどに同じような言葉や表現が出てくる。つまりは、それが「自分の価値観のキーワード」という話でした。

そこで《ワーク8》の［マス6］では、そのキーワードを使って短い文章を作り、自分の職種と組み合わせます。「〇〇〇している（キーワードを使った1文）＋〇〇（職種）」という具合です。

こうして自分の「肩書き」を完成させようというわけです。それは単なる職種や役職ではなく、自分の価値観がしっかりと反映された肩書きです。

こういうと、また不安になるかもしれませんが、安心してください。今までのワークを通じて、言葉に対する感度は以前より磨かれているはずです。美しいだけの言葉ではなく、自分がしっくりくる言葉、人の心に響く言葉の配列が自然と生まれるでしょう。

51ページの「今の自分」を知る9つの質問に、「⑨肩書きはありますか？」という問いかけがありましたね。

「YES」と答えた人は、おそらく自分の職種や役職が頭に浮かんだのではないかと思います。私もお客さまも、たいていはそうだからです。

《ワーク8》を終えたら、最初の思い浮かんでいた肩書きと、新たに完成された肩書きの違いに、きっと驚くに違いありません。

このように、［マス4］と［マス5］で少しがんばると、「自分自身をどうとらえるか」という意識がガラリと変わり、さらには周囲からの印象や扱いも、よりポジティブなものへと変わります。

なぜなら、エピソードが物語っているキャラクター性や、肩書きに反映されている価値観を自覚することで、自分自身の言動が、周囲からいっそう安心、信用、信頼を寄せられるものへと変わっていくからです。

つまり「自分という個の価値」の再構築が、ここで劇的に始まるというわけです。

ワーク8の取り組み方

◆152ページの［6マスチャート］の要領で［マス1〜6］を埋めます。

ワーク実践例

【マス1】

キーワード……物流会社でクレーム対応／延べ2万8000件の対応／届かない、壊れている、間違えている、という3大クレームの毎日／3度の飯より業務改善が好きになる

数字……3万件近いクレームをこなした物流会社出身の現場改善コンサルタント

【マス2】

キーワード……社内がまとまらない／外部のサポートが必要／思い浮かぶ先生／な

んとかしてくれる／最初に声をかけられる
声…………いつもなんとかしてくれる先生だから、真っ先に声をかけます

【マス3】
キーワード……自分はデザイン会社出身ではないという自信のなさ／大手からご指名でプロデュース案件がくる／小学生のときの愛読書は『ａｎａｎ』／リカちゃん人形の既製服が気に入らない／生地屋に行って自分で仕入れデザインした服をリカちゃん人形に着せていた／海外に出かけては何も買わずショーウインドウを見て目を肥やすのが趣味
キャラクター性…デザイナーではないが、審美眼とデザインセンスを買ってくれる企業がご指名で仕事のオファーをしてくる商品パッケージデザイナー

【マス4】
キーワード……ペットの問題で悩むお客さん／ペットと飼い主の問題は鏡合わせ／飼い猫が家出したという相談／猫が伝えたかったメッセージ／空は広いよ／飼い主さんはひきこもりだった

理念……………見方が変わると世界が変わる

【マス5】

キーワード………0歳児の赤ちゃん／体幹／Cカーブ／知る人ぞ知る／口コミ／誰にも相談できずに抱え込んでいるママたち／4人の子育てをした経験が安心感

ターゲット………0歳児の赤ちゃん体幹をサポートできる姿勢改善トレーナー

【マス6】

キーワード………売れる企画／積極的に社外に出る／新しい人たちと出会う／キラリと光る才能／新人／発掘

肩書き……………社外で新しい人たちと積極的に出会って、キラリと光る才能を発掘し、「売れる企画」を考える編集者

ワーク9

「理念」+「近未来像」で自分を表現する

《ワーク8》で、今まで取り組んできたことをすべて並べました。「キャラクター性を物語るエピソード」と「価値観が反映されている肩書き」も加えたことで、すでに自己意識は大きく変わっているはずです。この《ワーク9》で、「理念」＋「近未来像」で自分を表現すると、ついに完結です。

心に響く「ワンフレーズ」を完成させる

◆「私は何者か」という魂の1文を作る

「理念」＋「近未来像」で自分を表現する、と言うと難しそうに思うかもしれませんが、じつは、すでに質のいい材料はすでにそろっています。あとは美味しく料理するだけです。

「理念」は、《ワーク8》の［マス4］を見直し、注意深く言葉を選びながら、自分がもっとも「しっくり」くる理念を練り上げます。

ワークでもフリーハンドで理念をたくさん書いていただきましたが、13の質問の⑧⑨の回答も合わせて考えてみると、より精査された理念が浮かび上がってきます。

「近未来像」は、《ワーク8》の［マス6］（肩書き）をもとに考えます。フィードバックを終え、仕事に対するスタンスが再認識、再構築された近未来の自分は、何に力を注いでいるのか。これを定めましょう。

このようにして、「私は、こんな思いに基づき、こういう仕事をしています」という自分の価値を、ひと息で表現できる1文を作ります。

ここで練り上げるのは、「自分の価値観（理念）」と「理想の仕事像」、つまり**「私は何者か」が一瞬で伝わる1文。「自分という個の価値」の再構築が果たされた「売れる人思考」の心臓部分となる1文**です。

◆自分の意識改革が現実を変える

自分の意識が変わると、現実が変わる。今までにも繰り返しお伝えしてきたことですが、これは大げさな話ではなく、実際に起こることです。

「自分をどうとらえるか」という意識は、言動や仕事ぶりに必ず表れるものです。

ぼんやりした自己意識では、言動や仕事ぶりもぼんやりしたものとなり、間違った仕事相手に、間違った仕事をするということも起こります。

それが、過去の自分と握手することで誇れる部分を自覚し、さらには「どんな思い（価値観、理念）をもとに」「何をするのか」の精度が上がるにつれて、自己意識がみるみる明確になっていきます。

このプロセスが、「売れる人思考」を身につけるプロセスであり、やがて自信をもって「自分という人間」を生きられるようになります。

そして「意識」とは、自分の内側にあるものですが、それは必ず言動や仕事ぶりという形で外に表れます。

明確な自己意識のある人は、明確な言動や仕事ぶりとなり、そこに触れた人は安心と信頼を抱きます。「売れる人思考」が、こうして実際に「売れる人」になるという現実を作り出していくのです。

ワーク9の取り組み方

◇《ワーク8》の「マス4」を見直し、もっとも「しっくり」くる理念を練り上げます。《ワーク8》の「マス6」を見直し、「フィードバックを終え、仕事に対するスタンスが再認識、再構築された近未来の自分は何に力を注いでいるのか」(近未来像)を定めます。これらを合わせて「私は、○○○○という理念のもと、○○することに力を注いでいる」という1文にまとめます。

◇その1文が基本ですが、「感謝の声」「数値化された実績」を盛り込むと、より素晴らしいものになります。今までのワークを振り返りつつ、仕事相手にぜひ知ってほしい自分の価値を込めましょう。

◇簡潔にまとめることは重要ですが、自分の価値観や仕事内容を具体的に表現しなくては「心に響く1文」にはなりません。どうしたらイメージしやすくなるのか、こ

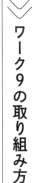

★「理念」+「理想の仕事像」で自分を表現する

「私は、『　　　　　　　　　　　　　　　　　　　　（理念）』

という理念のもと、　　　　　　　　　　　　　　　　（何＝理想の仕事像）

に力を注いでいる」

のワークには多めに実践例を載せました。次の①〜⑮を読んで、自分の場合は、どんな理念と近未来像を表現したら心に響く1文になるか、じっくり考えて練り上げてください。

ワーク実践例

①「私は『日本経済を支えているのは中小企業だ』という理念のもと、従業員300人以下の企業特有のニーズに応える財務プランの作成に力を注いでいる」(金融会社社員)

②「私は『売れる企画のネタはネットでは見つからない、人と直接会うことで見つかる』という理念のもと、積極的に社外に出かけてキラリと光る才能を発掘することに力を注いでいる」(マスコミ系会社社員)

③「私は『爪磨きは心を磨き、癒すこと』という理念のもと、ネイルをきれいに仕上げるだけでなく、誰もが心からリラックスし、話しやすい場を作ることに力を注いでいる」（ネイルサロン経営者）

④「私は『挑戦してこそ、本当に似合うものに出合える』という理念のもと、お客さまが手に取りそうにない洋服をあえて提案し、その方にとって〝1つ上のお洒落〟を実現することに力を注いでいる」（ショップ店員）

⑤「私は『自分の大切な人に説明するように』という理念のもと、お客さまが本当に理解し、納得できるまでお付き合いすることに力を注いでいる」（カスタマーサポートセンター勤務）

⑥「私は『体験こそが未来を創る』という理念のもと、未来へ引き継ぐべき伝統文化や職人、アーティストの支援活動に力を注いでいる」（プロデューサー）

⑦「私は『自分の命を乗りこなせ！』という理念のもと、人生の操縦桿を握り、命を使い切る生き方の啓発に力を注いでいる」（医師）

⑧「私は『プロであれ！』という理念のもと、経営者の理念をカタチにしていくプロ意識の高い人材育成に力を注いでいる」（インストラクター）

⑨「私は『自分の居場所は自分で作れる』という理念のもと、〝好きを仕事にする素晴らしさを語ることに力を注いでいる」（カービングパフォーマー）

⑩「私は『我慢するな、自分で選べ！』という理念のもと、家族を幸せにする時間と対価を同時に手に入れたいと願う若手起業家のスタートアップに力を注いでいる」（コンサルタント）

⑪「私は『自分の人生に責任を持て』という理念のもと、ストレスで悩む人たちに

自分軸を持った人生を送るための活動を指南している」（医師）

⑫「私は『個を磨き社会と調和せよ！』という理念のもと、子どもの才能を開花させることに力を注ぎ、子どもに合った学習法の提供で、日本の逸材を創出すべく挑み続けている」（教育関係者）

⑬「私は『広がる事業には美しい方程式が秘められている』という理念のもと、方程式を作り出す事業家を量産することに力を注いでいる」（事業家）

⑭「私は『思考に制限をかけるな！』という理念のもと、ストレスを抱えて生きづらい人たちに、自分の本質で生きられるように力を注いでいる」（アドバイザー）

⑮「私は『人生はデザインできる！』という理念のもと、次世代に活躍する人材の育成に励む指導者のサポートに尽力している」（自己肯定感アップコーチ）

エピローグ

「売れる人思考」で人生の質が上がる

◆「売れる人思考」になるとすべてが好転する

これですべてのワークはおしまいです。本当にお疲れさまでした！　きっと、苦労したところ、気恥ずかしくてなかなか書けなかったところ、いろいろだったと思います。私のお客さまたちも、最初は手取り足取り教えなくては、なかなかワークに取り組めませんでした。それでも、まず1つ、また1つとワークを進めるうちに自己意識が高まっていきました。

そして最終的には自分自身の力で、自分がもっともしっくりくる理念と近未来像を練り上げていったのです。お客さまが、こうしたプロセスを経てビジネスプロフィールを完成させるたびに、私は感動を覚えます。

でも、そこが感動のピークではありません。

すべてのワークを終え、**「売れる人思考」を身につけた状態で、心境も新たに仕事人生を歩み出すと、誰もが大きな成功を収めていきます。それにともない、人生その**

ものの質が格段に上がります。例外なく、です。

お客さまから、そういう嬉しい報告が寄せられるたびに、より深い感動に包まれるのです。

では本書の最後に、「売れる人思考」がいかに人生の質を上げるのか、ざっとお話ししておきましょう。

挙げ出したらキリがないので代表的なものだけですが、近い将来、こういうことが自分にも起こるのだと想像しながら読んでいただければ幸いです。

◆お客さまが増えて仕事の単価が上がる

世の中にはさまざまな仕事術があります。そういうものを学んで実務的なテクニックを磨くことは、とても重要なことだと思います。

ただ、肝心の自分の思考が整っていないと、どれほど有益な仕事術であっても、無用の長物になりかねません。

重要なのは、やはり自分自身をどうとらえるかという自己意識。それ如何で将来の明暗が、はっきり分かれるということです。

自己意識が、フィードバックによって「売れる人思考」になると、まさに読んで字の如く「売れる人」になります。

つまり「あなたと一緒に仕事をしたい」「あなたにお願いしたい」と言ってくれる仕事相手（お客さま）が増えていくのです。

人気が出れば価格が上がるというのが、市場経済の基本です。たとえば独立・起業した人や副業を始めた人は、引く手あまたになるにしたがって、仕事の単価が上がる可能性も高まるというわけです。

◆あなたの応援者、支援者が増えていく

本書で取り組んでいただいたとおり、フィードバックには、単に過去の自分と握手

し、誇れる部分を自覚するだけでなく、「自分の価値観を探る」というプロセスもあります。

価値観を探るというのは、「どんなことを大事にしながら仕事をしているのか」「この先、誰を相手に、どんな仕事をしていきたいのか」――ひと言で言えば「仕事に関する自分のスタンスをはっきりさせる」ということです。

すでにワークを終えたあなたなら、それは実感していることでしょう。

自分のスタンスをはっきりさせると、人は「自分が理想とする近未来に進んでいる」という前向きなエネルギーを帯びるようになります。

すると決まって、そのエネルギーに巻き込まれてくれる人が少なからず現れます。前向きな勢いがある人のことは、誰もが応援したくなるものだからです。同じ船に乗って、同じ景色を見たいと協力・協働を申し出てくれる人が現れるのです。

◆仕事でのアウトプットの質が上がる

本書で取り組んでいただいたのは、「売れる人思考」を身につけるためのフィードバックです。「フィードバック」とは、自分の意識に働きかけ、意識を変えていくというプロセスですが、そのなかで無意識のうちに、ある「フィルター」が作られます。自分の「ストーリー（物語）」「フィロソフィー（哲学）」「ヒストリー（歴史）」というフィルターです。

では、このフィルターができると、どうなると思いますか？

端的に言うと、「話す」「書く」「作る」などのアウトプットの質が上がります。「仕事相手に喜ばれる提案を出す」「社内で一目置かれる言動をする」「世の中の人を唸らせるような発信をする」「多くの人に愛される商品を生み出す」――といったことが高い品質でできるようになるのです。

仕事は、インプットとアウトプットの連続です。質のいいアウトプットのためには、質のいいインプットが必要ですが、それだけでは十分ではありません。「自分」というフィルターを通さなければ、自分だからこそできる、ほかにはないアウトプットにはならないからです。

そこでものをいうのが、自分の「ストーリー」「フィロソフィー」「ヒストリー」から成るフィルターです。

このフィルターがあって初めて、「自分だからこそできる、ほかにはないアウトプット」になります。そして、そういう唯一無二のアウトプットにこそ、人は価値を感じるものなのです。

今、みなさんは、フィードバックによって、自分というフィルターができ上がったところにいます。そして今後、再構築された価値で仕事をしていけばいくほど、フィルターの精度は高まり、アウトプットである仕事ぶりもますます磨かれていきます。

私なども、自分の視点からお客さまをコンサルティングし、その人ならではの価値を再構築するお手伝いをするという意味では、自分のフィルターこそが、決して真似されない商品だと思っています。

ただ、そんな私のフィルターも、今なお発展途上です。

より多くのお客さまの期待に応えるためには、日々、お客さまと接するなかでフィルターの精度を上げ、仕事ぶりに磨きをかけていかなくてはなりません。私もみなさんと同じように、さらなる成長と、より大きな成功を目指す道半ばにあるのです。

◆自信をもって自分をプレゼンできる

みなさんは、今、すべてのワークを終えてみて、いかがでしょうか。

過去の自分と、ちゃんと握手をして「自分にも誇れるものがあるんだ」と自覚していますか？　それだけでも大収穫ですが、そこから自分の価値観を明確にし、理想の仕事相手（お客さま）像や理想の仕事像をはっきりと描き出したはずです。

そして最後には、「私はこういう者です（「理念＋近未来像」＝私は、こういう理念のもと、こういうことに力を注いでいる）」と、自信をもって自分をプレゼンテーションできる1文にたどり着きました。

このように「自分自身をどうとらえるか」という点を徹底的に見つめ直した（フィードバックした）ことで、自分という個の価値が再構築されたわけです。これが「売れる人思考」が身につくということです。

最後にたどり着く「理念＋近未来像」は、人それぞれ違います。ただ、どのようなものであっても、綿密なフィードバックによって自己意識が変わり、「売れる人思考」が身につくと、自己肯定感が一気に上がります。

自分の仕事や、それにかける自分の思い、向き合い方、仕事相手（お客さま）の選び方や付き合い方——こうしたすべてに、本当に自信を持てるようになるのです。

◆自己意識の善循環で豊かな人生が始まる

たとえば、大型契約を決めている同期を横目に、小口契約を着々と積み重ねてきたAさんが、「それはそれで、すごいことなんだ」と自覚し、「小口契約こそが自分の仕事の本分なんだ」と思えるようになったとします。

こうして「自分は仕事ができない営業マンだ」という意識が、「自分は、中小企業との契約においては右に出る者がいない営業マンだ」という意識へと変われば、自然と自己肯定感が高まります。

そして、そういう意識で仕事をすると、仕事ぶりも頼もしくなるため、自然と仕事相手があなたを見る目や接し方も変わってきます。

そうなって嬉しくない人はいないでしょう。

このように「売れる人思考」が身につくと「自己肯定感が上がる ↓ 自然と仕事ぶりが変わる ↓ 周囲の見る目、接し方が変わっていくのを実感する ↓ さらに自己肯定感が高まる」という、自己肯定感の善循環が生まれます。

ここからが自分の「本当の人生」です。新たな自己意識に基づく「売れる人思考」によって、質の高い、充実感あふれる仕事をしていくという、豊かな人生が始まるのです。

おわりに

最後までお読みいただき、ありがとうございました。

本書のワーク、いかがだったでしょうか。

ワークを実践していただいた方、《ワーク9》では最高の1文ができましたか？「感謝の声」や「数字的な実績」を洗い出してみた時点で、早くも自信がつき、価値観や理念を探るなかでは、「今まで自覚していなかった自分の思い、強み、魅力」がはっきりと姿を現すのを感じていただけたのではないでしょうか。

ワークの実践編は飛ばして、とりあえず最後まで読んでみたという方は、いかがでしたか？　目指すゴールが見えて、「よし、やってみよう！」という気持ちになっていただけたのなら嬉しいです。

本書は読んでおしまいではなく、実際に取り組んでいただくことで真価を発揮します。「善は急げ」です。このまま本を閉じてしまわずに、ワークに入ってください。

私のビジネスプロフィール講座は、お客さまごとに異なるカスタムメイドです。「過去の実績を洗い出す」「自分の価値観を探る」「理念を導き出す」、そして最終的には「ビジネスプロフィールを完成させる」というプロセスは同じですが、実際に課題に取り組んでいただくときには、マンツーマンでガイドしてきました。

課題のなかには、毎回、お客さまに合わせてイチから作成するものもあります。お客さまから回答が提出されたら、すみずみまで目を通して添削し、「いいな」と思った回答にはマーカーを引いてお返しします。でも、「まだまだ足りない」「もっと出てくるはず」と判断し、再提出をお願いすることも珍しくありません。

課題はすべて自分自身に関することなのに、たいていの方は、自分との向き合い方がよくわからない状態で受講を始めるようなのです。

人は千差万別です。一人として同じ人間はいない。だからおのずと一人ひとりに合わせてガイドすることになり、自然とカスタムメイドの講座になっていくというわけです。

終始こうした調子で一人ひとりのお客さまと向き合うなかで、私の仕事は、最終的には「アート」なのだと思うようになりました。

一人ひとり違う人間の価値を再構築するという工程は、決してマニュアル化できるものではなく、一対一でお付き合いしなくては成立しない。そして一緒にビジネスプロフィールを作り上げることは、一種の「アート」ともいえるのではないか、と。

そんな思いから、たとえ課題の添削に深夜までかかろうとも、いつ何時、お客さまからご相談のメールがこようとも、「だからこそ、やりがいがある」と全力を注いできたのです。

そんな思いを、いい意味で少し覆してくれる出来事がありました。発端は、あるお客さまから、「ぜひわが社で、ビジネスプロフィール作りのセミナーをしてほしい」と強く希望されたことです。

そのお客さまは、すでに私のもとでビジネスプロフィールを完成させていました。

そして「これを社員全員が作ったら、すごいことになる」と思ってくださったのですが、その方がいざ教えようとしたら、うまくいかなかったといいます。そこで、私から直に社員の方々に教えてもらえないか、というご依頼でした。

正直なところ、あまり気が進みませんでした。一人ひとりと向き合うことなく、全員に向けて話しても、肝心なところはあまり伝わらないだろうし、たいした結果も出ないのではないか――。安易に引き受けて、ガッカリさせては申し訳ないという気持ちが大きかったのです。

それでも、たってのご希望なので、結局は引き受けることにしました。

そしてフタを開けてみれば、これが私にとって大きな転機になりました。

ビジネスプロフィールを作る意義や概要をひととおり説明し、課題にも取り組んでいただいた結果、驚くほど「いい回答」が並んだのです。

もちろん、これで完璧なビジネスプロフィールができる、というほどではありません。ただ、少なくともそれぞれの自己意識が大きく変化し、「個の価値」が再構築されたという点では十分な結果だったと思います。

社員の方々に取り組んでいただいた課題は、一人ひとりと向き合わなくてもできるように、いつもの講座でお客さまに出す課題を、かなり簡略化したものでした。それにも関わらず、予想をはるかに超える手応えが感じられたのは、嬉しい誤算でした。

完璧なビジネスプロフィールを作るのは、私とお客さまとの間でしか成り立たないアートです。それはおそらく、変わることはないでしょう。

でも、自己意識に変革を起こし、自分のなかで「自分という個の価値」を再構築することならば、必ずしも私が直に関わらなくても成立するのではないか。セミナーを引き受けたことで、私は、そんな気づきを得ることができたのです。

そして本書を書こうと思い立ったのも、じつは、この出来事がきっかけになっています。

以前だったら、ビジネスプロフィール作りのエッセンスを本にまとめたいなんて、考えもしなかったでしょう。「私が直に関わらなくては、結果は出ない」と思い込んでいたからです。

でも、あのセミナーでの驚きと喜びを経た今、ノウハウを本書を通じて多くの人に伝えるという道が開けました。

私一人の手が届く範囲は、ずいぶんと限られています。そこで本という形ならば、多くの方のお役に立てるのではないかと考えるようになったのです。

この考えが、そう外れていないことを願っています。本書が、あなたにとって、自信と輝きに満ちた仕事人生へと踏み出すジャンプ台となれたなら、それ以上の喜びはありません。

著　者

読者限定　無料特典

ビジネスプロフィール作成無料メール講座（全12回）

本書をお求めいただいた読者の方に、「無料メール講座（全12回）」をご用意いたしました。あなたのビジネスを加速させるビジネスプロフィール作成の極意を無料メール講座でお届けいたします！

ビジネスプロフィール作成無料メール講座の内容

STEP1：お客様の声を集める
- 1回目　全体像の分析
- 2回目　お客様の声分析、USP
- 3回目　お客様の声の選び方

STEP2：ターゲット絞る
- 4回目　一言で絞る秘訣
- 5回目　ターゲット選びの秘訣
- 6回目　効果的なメッセージの秘訣

STEP3：理念を打ち出す
- 7回目　理念の効果的な見せ方
- 8回目　理念を効果的に活用する
- 9回目　ファンを増やす理念の秘訣

STEP4：実績を数値化して表現
- 10回目　実績を数値化する方法

STEP5：時系列を意識したストーリー
- 11回目　ストーリーの効果
- 12回目　効果的な肩書き5つの秘訣

無料メール講座へ
お申込みの方限定で
特別小冊子
(PDF資料17ページ)
を特別プレゼント
いたします

こちらのQRコードより、
「ビジネスプロフィール作成無料メール講座」に
お申込みください。
無料ですので、今すぐメールアドレスを登録してみてくださいね！

芝蘭友の LINE

今ならお友だち追加で、
無名の人でもメディアに注目され
「売上げが 5 倍になる
ビジネスプロフィールの作り方」

❶ Web セミナーへご招待！

さらに

お友だち追加いただいた方限定で
出版のノウハウも詰まった
❷「ブランディングの教科書」
をプレゼント！

さらに

❸ WEB セミナー視聴者限定の
プレゼントも
ご用意しています！

お友だち追加はこちら

Webセミナー詳細はこちら

本特典に関するお問い合わせは、
株式会社うぃずあっぷ　support@shirayu.com まで。

芝蘭 友（しらん・ゆう）
ストーリー戦略コンサルタント／経営学修士（MBA）
大阪府出身。グロービス経営大学院卒業（MBA）。開業医の父の元、幼い頃よりプロフェッショナル達の背中を見て育つ。トップ5％に入るベストセラー作家や経営者を1年半で2000名以上見てきた経験から、ビジネスプロフィール作成のパイオニアとして活動。本人が気づいていない「使命」を言語化し、ビジネスが加速するストーリー戦略を伝授するなど、顧客の個性を活かしながらビジネスに落とし込むことに定評がある。コンサル対象者には「情熱大陸」などのTV出演者、ベストセラー作家なども含まれ、ハイ・ブランド戦略にも手腕を発揮。「年商5倍になった」「理想の顧客を引き寄せた」「年商1億を超えた」「メディアからオファーがあった」などの声が絶えず、オピニオンリーダーから「表現力の魔術師」「言葉の東大」と呼ばれている。著書に『死ぬまでに一度は読みたいビジネス名著280の言葉』（かんき出版）がある。
https://shirayu.com

転職・副業・起業で夢が実現！
安く売るより高く売れたい

2020年6月15日　第1版　第1刷発行

著　者　芝蘭友
発行所　WAVE出版
〒102-0074　東京都千代田区九段南3-9-12
TEL 03-3261-3713　FAX 03-3261-3823
振替 00100-7-366376
E-mail: info@wave-publishers.co.jp
https://www.wave-publishers.co.jp
印刷・製本　萩原印刷

NDC159　191p　19cm
ISBN978-4-86621-288-3